# 読み書き＆思考術

仕事が早くなる！

日本能率協会マネジメントセンター 編

「書く」
「聞く」
「の
5
を鍛えよう！

JN276918

日本能率協会マネジメントセンター

# 本書の狙い

**自分だけのユニークな**
**発想を生み出すために、**
**「読む」「書く」「話す」「聞く」**
**「考える」の基本スキルを**
**身につけよう!**

# INDEX

## 第1章 「聞く力・話す力」を鍛える

## 第2章 「読む力・書く力」を鍛える

# INDEX

## 第3章 「情報収集力・整理力」を鍛える

## 第4章 「考える力・分析する力」を鍛える

# INDEX

## 第5章

## 「行動する力・協働する力」を鍛える

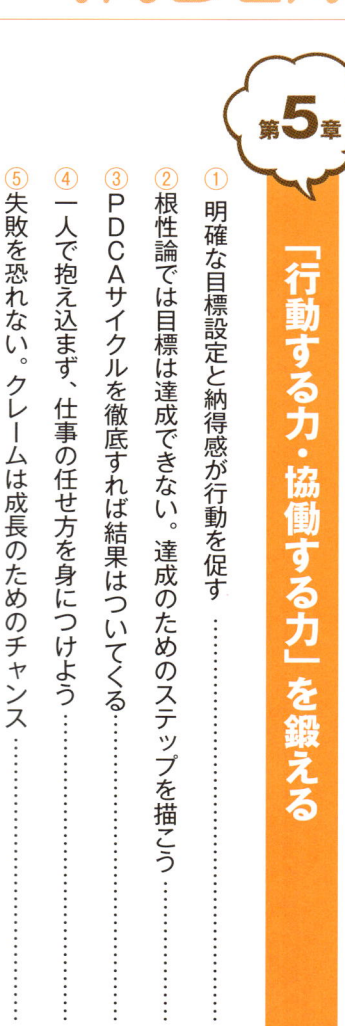

# 第1章

# 「聞く力・話す力」を鍛える

# 1 大切なのは「話す」より「聞く」

## 「聞く・話す」に必要なのはスキル

ビジネスは一人で行うものではない。顧客、上司、同僚、後輩、外部の協力スタッフなど、さまざまな立場の人と協働しながら進めていくのがビジネスだ。仕事のできる人の行動を見ると、実に他者とコミュニケーションをとるのがうまい。逆に、「聞く」「話す」という行為がうまくできなくて、顧客との人間関係が構築できない人、また、悪気がないのに相手を怒らせてしまう人もいる。

「聞く」「話す」上で大切なのは、単なる心構えではない。相手を尊重する姿勢は大切だが、相手とコミュニケーションをとるための「聞く技術」「話す技術」が必要なのだ。

## 人間は話したがりの生き物

あなたは話すことが得意だろうか？　それとも聞くことが得意？　おそらく多くの人が、「どちらかといえば聞くほうが得意」と答えるに違いない。しかし、実際のビジネスシーンを見てみると、相手の話が終わらないうちに話し出す人が多いことに気づく。時には、互いに自分の関心事を一方的に主張するだけで、会話になっていないこともある。

コミュニケーション力を向上させようと思うなら、まず、人間は話したがりの生き物であるとの認識を持つ必要がある。聞き上手になり、その上で話し上手になることが、できるビジネスパーソンになるための鉄則だ。

## 「聞く力」が求められるシーンを整理しよう

ビジネスの原点は、顧客のニーズを把握して、それに対する商品やサービスを提供すること。また、社内においては、上司からの指示を受け止め、提示された課題に応えていくことが基本になる。その他、ビジネスシーンにおいて「聞く力」が求められるのは、下記のようなシーンだろう。

**「聞く力」は、相手が誰であっても重要であることに変わりはない。**顧客や上司の言うことには耳を傾けるのに、同僚や取引先相手になると、気配り力がダウンする人がいるが、同僚や取引先も仕事を進めるための大切なパートナーである。ビジネスは上下左右（場合によっては斜めも）の人間関係が、仕事の質を左右することに注意したい。

### ●「聞く力」はこんな時に必要になる！

**顧客対応**

- 顧客のニーズを把握し、的確な提案を行う時
- 顧客から新たに受注を獲得した時
- 顧客からのクレームに対応する時

**上司対応**

- 上司から指示・命令を受ける時
- 上司から指導・叱責を受ける時
- 上司の予定・行動を把握する時

**同僚対応**

- 同僚からの連絡事項を受ける時
- 同僚と協働で業務を遂行する時
- 同僚からの相談事に対応する時

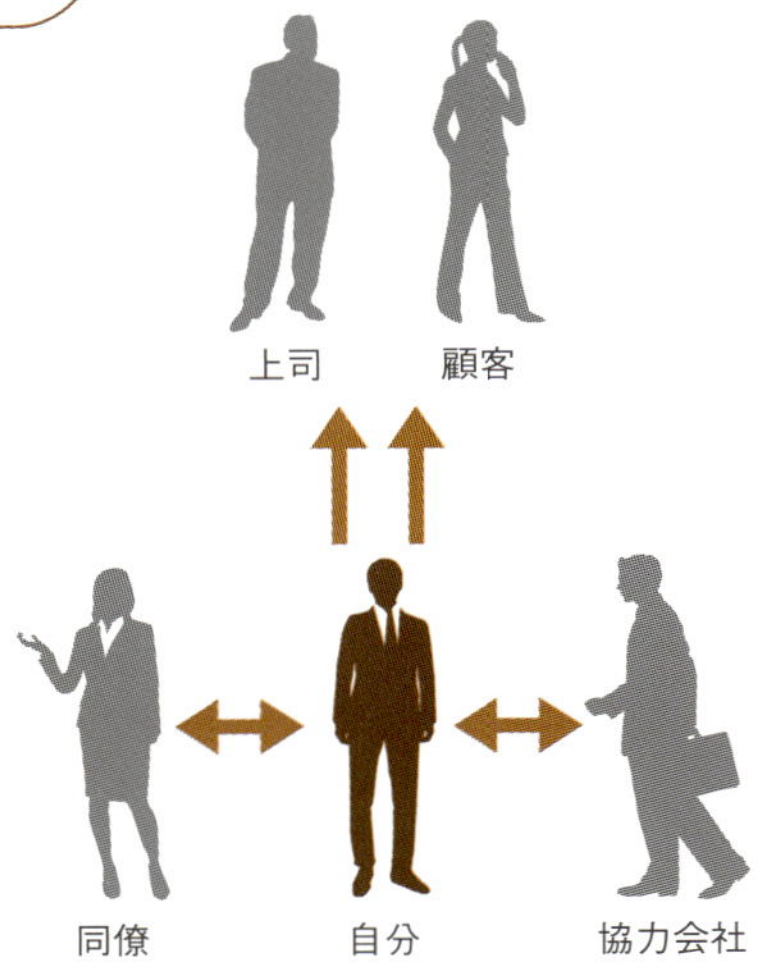

ここがポイント!

# 「聞く技術」の3つのポイント

前ページで整理したように、「聞く技術」が求められる範囲は広い。また、相手の立場もさまざまだし、人間のタイプも異なる。Aさんに通用した聞き方が、Bさんには通用しないというケースも少なくない。きちんと聞くためには、それらの相違点に注意しながら、まずは基本スキルを習得することが大切だ。

## 1 話しやすい状況を作る技術

相手が話しやすい状況というものがある。上司が忙しい時に相談に行っても煩わしいと思われるだけだし、会話する場所や席の設定にも工夫が必要だ。また、自分から挨拶をしたり、相手の名前を正確に言うといった配慮で、相手の心が開く時がある。さらに、固い表情よりも柔らかい表情で接すること。相手の話を受け入れる状況を作りたい。

## 2 聞き出すための基本技術

何かを聞くためには、何を聞きたいのかを相手にわかってもらう必要がある。また、より深く聞くためには、質問力を向上させる必要がある。その他、あいづちや間の取り方も重要だし、聞きながら、自分の意見を伝えるタイミングや話し方にも注意が必要だ。

## 3 タイプ別に応用する技術

人間には、さまざまなタイプがいる。率直に聞いてくれたほうがいいという人もいれば、まずは、礼儀を重んじる人もいる。また、悩みを聞いてほしい時と、アドバイスをもらう時とでは接し方が異なるし、無口な人から話を聞き出すにも技術が求められる。

スキルアップのコツ

# 自分が話しやすかったシーンを記録する

　コミュニケーションは、双方向で行うものである。ある時は、話し手になるが、またある時には聞き手にもなる。つまり、話し手と聞き手の立場を入れ換えながら行うのがコミュニケーションであり、聞き上手になろうと思ったら、自分が話しやすかった時の相手の対応を整理するとよい。

　具体的には、次のような点に注意して相手（聞き手）の対応を記録しよう。

1. 聞き手の受け答えで印象に残っている言葉は？
2. 聞き手の受け答えで印象に残っている姿勢は？
3. 聞き手の受け答えで印象に残っている表情は？
4. どんな時、場所、シチュエーションで話したか？
5. 会話をする前に情報（認識）共有はあったか？

# ②「聞く」から「訊く」へ。「質問力」を向上させよう

### 言葉足らずは誤解のもと

　「聞く力」が足りないと、さまざまな誤解、トラブルを招くことになる。例えば、次のような会話を見て、あなたは何を考えるだろう。

**Ａ：「テレビを見てる？」**

**Ｂ：「あ、消していいよ」**

　この会話は、Ａが、「テレビを見てる？　見てないなら消しなよ」という意味で言葉を発しているなら、Ｂの受け答えは正解である。しかし、「テレビを見てる？　面白いね」とか、「テレビを見てる？　見てないなら別の番組を見てもいい？」という意味で言葉を発していた場合は、会話として成立していないことになる。

　家庭生活に限らず、ビジネスシーンでも、こうした言葉足らずに起因した誤解が発生する。とくに日本人は同属意識が強く、「阿吽《あうん》の呼吸」で片づけてしまう傾向にあるが、価値観が多様化している現在、捉え方はまちまちだ。あいまいな問いかけや会話に遭遇したら、一つ一つ言葉の意味を確認する習慣をつけよう。

### 聞く能力を支える質問力

　相手の意図を正しく把握するためには、「聞く」だけではなく「訊く」力が必要になる。いわゆる質問力を向上させることが重要だ。

情報は５Ｗ１Ｈ、ビジネスでは、Ｈｏｗ ｍｕ

ｃｈとＨｏｗ ｍａｎｙを加えて５Ｗ３Ｈで構成されるが、一般的に、「Ｗｈａｔ（何が）」だけ伝えて、他の項目は不明確にしていることが多い。そんな時には、５Ｗ１Ｈ（５Ｗ３Ｈ）の何があいまいなのかを整理して、不明部分を質問によって補うことが大切だ。

ちなみに、「ビッグ・クエスチョン」といって、質問があまりにも大雑把すぎて、「何を（Ｗｈａｔ）」さえもうまく理解できないことがある。

例えば、「新しい担当者は対応が難しいらしいね？」といった問いかけに対し、どのように答えればいいのか。相手の発言意図に関わらず、「そうですね」と肯定的に回答しておくのも１つの方法だが、相手が担当者の何に不安を感じているかを明らかにして会話を重ねるほうが有意義である。**「ビッグ・クエスチョン」には、質問で返す。**「何か不安な点がありますか？」「担当者とお会いになったのですか？」など、スモール・クエスチョンを活用して、会話の土俵を明確にしよう。

新しい担当者は対応が難しいらしいね
何かトラブルでもありましたか？
いや、そうじゃないんだけど。今度、挨拶に行くので、何から話したらいいかと思ってね
そうですか。新担当者はゴルフが好きらしいですよ…

ここがポイント!

# 質問には2つの種類がある

質問力には、「クローズド・クエスチョン」と「オープン・クエスチョン」とがある。前者は、YES・NOや、AかBなど、具体的な回答を得るための質問だ。後者は、「あなたはどう思いますか」といった質問で、さまざまな回答が考えられるもの。両者をうまく使い分け、効果的な質問ができるようになろう。

## クローズド・クエスチョン

- **メリット** 結論を明確にしたい時に効果的
- **メリット** 自分の進めたい結論に導く時に効果的
- **メリット** 必ず回答があるので，相手も答えやすい
- **デメリット** 議論が発展しない、新しい発想が生まれにくい

## オープン・クエスチョン

- **メリット** 意見の根拠や理由を把握できる（『なぜ』を訊く）
- **メリット** 具体的なイメージを把握できる（『例えば』を訊く）
- **メリット** 意見だけでなく、相手の人となりを理解しやすい
- **デメリット** 話が拡散する、相手を問い詰める形になりやすい

TIPS

スキルアップのコツ

# 取材前に5W1Hで質問事項を整理する

ビジネスでは、何らかの目的を持ってコミュニケーションを図るものである。質問力を向上しようと思ったら、事前にどんな情報を収集すべきかを整理し、聞き逃しのないようにすることが大切だ。

取材ノートは、相手の話をメモするためのノートではなく、相手に会う前に事前に知り得た情報を整理するためのノート。事前情報を５Ｗ１Ｈ（５Ｗ３Ｈ）に整理し、実際に会った時に何を質問すればいいかを明確にするものだ。

一方的に話を聞く場ならともかく、話しながらメモをとるのは意外に難しい。取材ノートを作れば、空欄を埋めるようにメモをとればいいので、会話もメモも、より円滑になるはずだ。

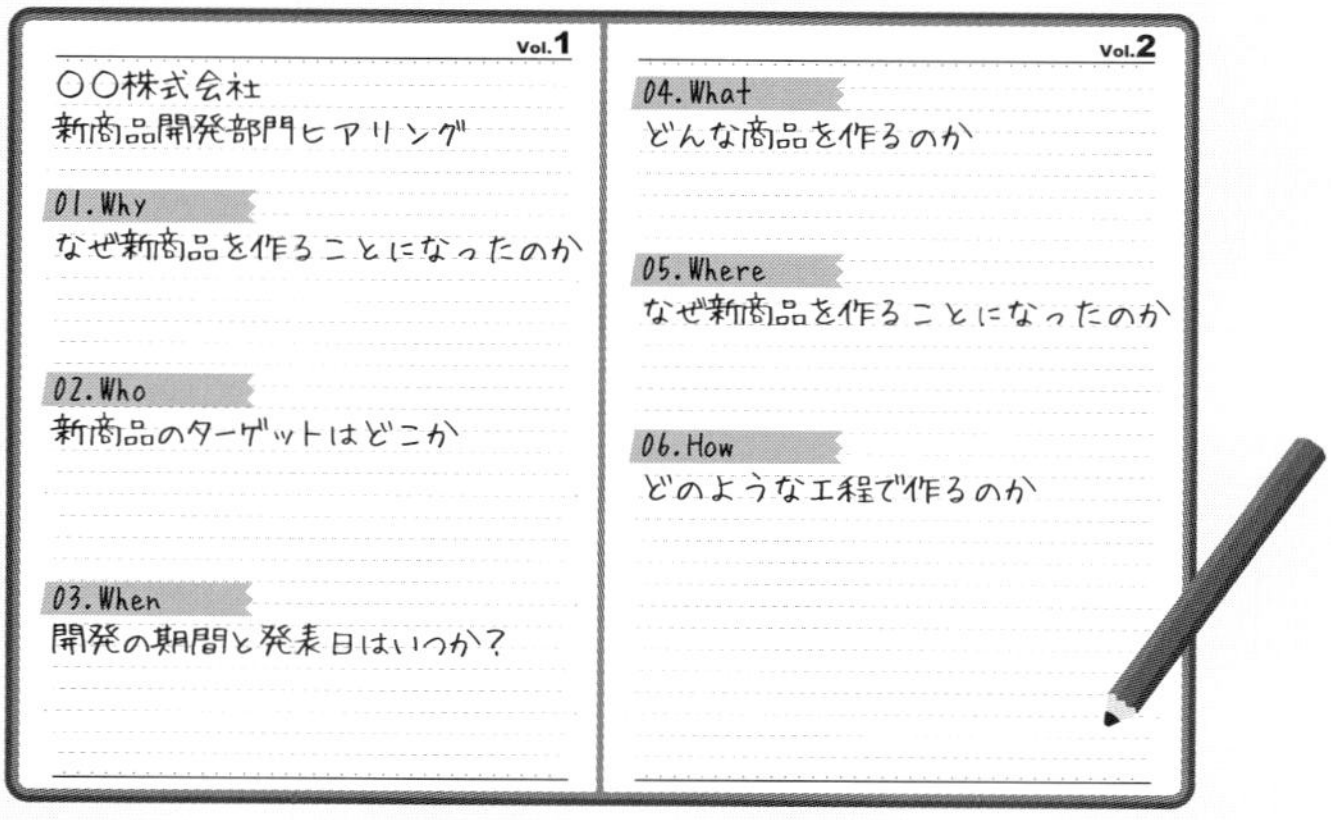
Vol.1
〇〇株式会社
新商品開発部門ヒアリング
01.Why
なぜ新商品を作ることになったのか
02.Who
新商品のターゲットはどこか
03.When
開発の期間と発表日はいつか？
Vol.2
04.What
どんな商品を作るのか
05.Where
なぜ新商品を作ることになったのか
06.How
どのような工程で作るのか

# 3 「積極的傾聴法」は良好な会話の基本

### 話を聞く態度が会話の質を決める

「積極的傾聴法」とは、アメリカの心理学者であるカール・ロジャースが提唱したもので、ビジネスパーソンの基本スキルとして浸透している。もっとも、積極的傾聴法は、コミュニケーション手法というよりも人間尊重をベースにした概念。相手とよりよい関係を構築するためには、相手を尊重し、互いの信頼関係のもとにコミュニケーションを重ねていくことが重要だという考え方に基づく。

ところが、実際のビジネスシーンでは、相談に乗っているはずなのに、話を聞かずに自分の意見を述べたり、真剣に話をしているのに、仕事を進めながら片手間に聞いたり、相手の立場や感情を無視してやりとりする人が少なくない。話の途中で口をはさんだり、頭ごなしに否定してしまっては、相手は口だけでなく心まで閉ざしてしまう。しかし、こちらが真剣に、誠実に理解しようと思って聞けば、相手も話しやすいし、心を開いてくれる。

積極的傾聴は、そうした心と心のつながりを重視したコミュニケーションであり、ビジネスの信頼関係も、最終的には人と人との信頼関係によって成立することを理解しよう。

### 「共感、受容、誠実」がキーワード

積極的傾聴は、単に相手の話を聞くことではない。「聴く」という漢字を分解すると、

耳＋目、心で構成されている。**耳だけで話を聞くのではなく、耳に目と心を加えて聴くことが積極的傾聴の基本**である。

具体的には、相手が発する言葉の背後にある思いや感情まで共感を持って聴くこと（共感）。それも相手の視点で理解し、相手の思いや感情を受け入れようという姿勢を持ち続けることが重要だ（受容）。そして、最後まで相手の話を聞いた上で、理解できなかったことがあれば「聞き方が十分ではなかった」という態度で質問し、伝えるべき意見があったら、「参考になるかわからないが…」といった前置きをした上で、「自分はこう思う」と誠実に対応していくことが基本態度となる。

また、相手の問いかけに答えられない時は、「聞いてあげることしかできないが」という姿勢で臨むことも誠実さの表れである。

●積極的傾聴法の概念

| | |
|---|---|
| 共感 | ○ 相手の意見・思いを肯定的に受け止める |
| | × 相手の意見・思いを評価する |
| | × 相手の意見・思いを否定する |
| 受容 | ○ 相手の話を最後まで受け入れる |
| | ○ 相手の話だけでなく、感情も受け入れる |
| | × 話の途中で口をはさむ |
| 誠実 | ○ 相手と真摯に向き合う |
| | ○ 相手との関係を真剣に構築しようとする |
| | × 表面を取り繕う、その場だけの関係を構築する |

## ここがポイント! こんな聴き方が、積極的傾聴法だ！

相手に共感しながら、相手の話を受容し、誠実に接すること。積極的傾聴法の基本を踏まえ、それを活用した会話ができれば、あなたの聞く（聴く）力は大いに評価される。具体的には、次のような点に注意するといいだろう。

1. 相手の顔を見て聴く（目を見つめすぎない。目と鼻の間くらいがよい）
2. 相手の話にうなずきながら聴く（相手の話に同意することを示す）
3. 相手の話にあいづちを打つ（『なるほど』『そうですね』など）
4. 相手の言葉を繰り返す（『…なんですね』 など）
5. 相手の話を最後まで聴く、途中で意見をはさまない
6. 相手の言葉だけでなく、相手の気持ちを感じ取る
7. 相手が言葉に詰まったら、質問をはさむ
8. 相手の話を聞きながら、大切な箇所のメモをとる

## スキルアップのコツ

# 話をするシチュエーションにも気を配ろう

相手の話を誠実に聴こうと思ったら、聴く時のシチュエーションにも気を配るべきだ。

例えば、相手が立っている時に、座ったまま話を聞くのは相手に失礼だし、いかにも偉そうだ。話を聞く時の基本姿勢は、相手と目線を合わせること。立ち話をするなら自分も立ち上がり、座って話すなら相手に「座って話しませんか」と促すことが大切だ。

なお、互いの座る場所によっても、話しやすさは変化する。図表のように、相手の正面に座るのではなく、90度の角度に座るのが望ましい。この角度なら、相手の目を見ることもできるし、相手の緊張感が高まった時、視線をそらすことができる。対面でぎこちなく話すよりもスムーズな会話ができる。

向き合って座ると緊張感を生む。見るものも共有できず距離感も生まれる

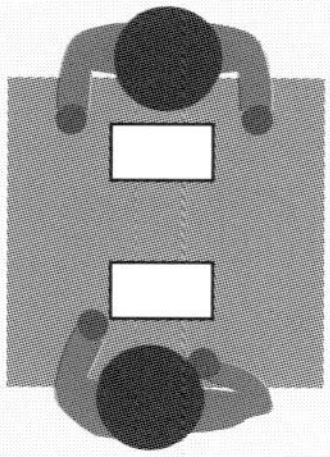

真正面に座る

斜めの位置に座ると状況に合わせてお互いの視線を合わせたり外したりできるのでリラックスできる。

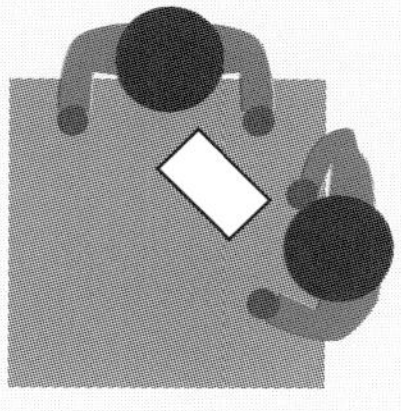

90度の向きで座る

# ④ 人間の記憶はあてにならない

## 人間の記憶はあてにならない

記憶力には個人差があるが、聞いたことをすべて記憶できる人はいない。時間とともに頭の中で反芻《はんすう》される機会は減り、そのまま忘れ去られたり、記憶の貯蔵庫の奥底へと蓄えられていくのが記憶というものだ。しかし、顧客からのオーダーや上司からの指示・命令などは、「聞き漏らした」「忘れました」ではすまされない。かといって、すべてをＩＣレコーダーや携帯電話に記録することは現実的ではないし、再生するのも二度手間だ。メモをとる技術は、記憶を留めるための基盤ともいうべきスキルで、実際、できるビジネスパーソンは、メモをとるスキルも高い。

## 会話をしながらメモをとるのは意外に難しい

講演のように、一方的に相手が話をしている場でメモをとるのは誰でも比較的容易にできる。なぜならば、話のどこが重要なのかを把握する力（『読む力』の章を参照）を養えば、自分のペースでメモをとることができるからだ。

しかし、会話しながらメモをとるとなると、途端にハードルが上がる。ひと言ふた言メモできればいいほうで、多くの人は話についていくのがやっと。メモをとる間もなく会話を続けるはめになるだろう。メモをとるためには、それなりのコツと一定のトレーニングが必要なのだ。

## 取材ノート、略語、記号を活用する

取材ノートはメモの下書きのような役割も果たしている。新しく出た情報だけを追記していけば会話に集中できるので、メモをとる量を減らすことができる。メモ上手になろうと思ったら、事前に資料収集や整理を念入りに行い、あらかじめ取材ノートを作成し、メモの下書きをしておくのが望ましい。

また、略語や記号を活用することも、メモ上手になるためのポイントである。仮名文字や数字ならともかく、漢字は画数が多く、書くには時間がかかる。崩し字にしても一定の時間が必要であり、極力、漢字以外の文字や記号でメモをとるようにしたい。具体的には次のような点に注意して、効率的にメモをとるトレーニングを重ねよう。

### ●メモのポイント

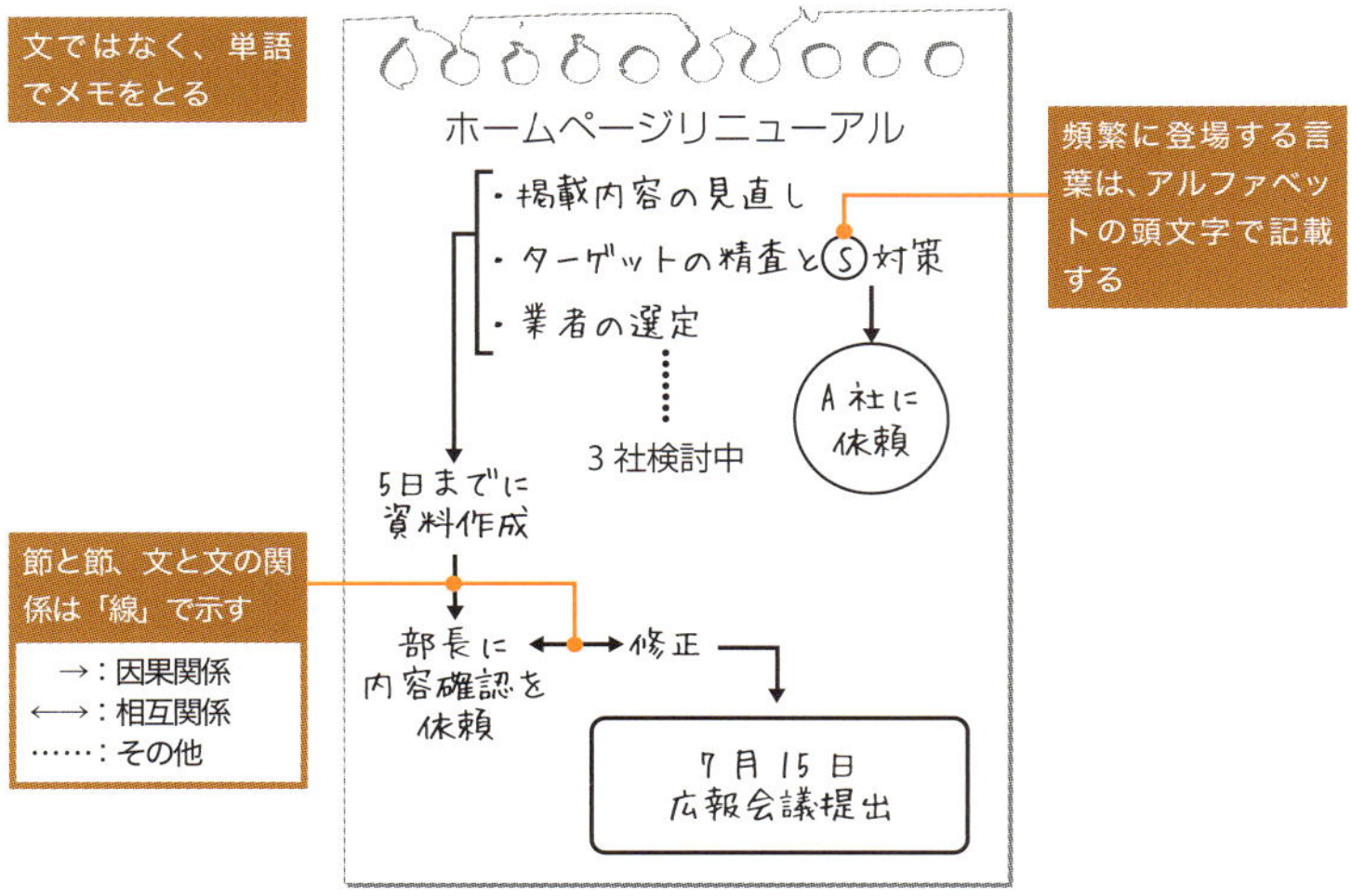

# ⑤ 確認することで聞く力を向上させよう

## 相手が情報発信を誤ることがある

相手の話に真剣に耳を傾けたとしても、１００％正確に相手の意図を受け止めているとは限らない。なぜならば、聞きとった情報を誤った認識で受け止めてしまったり、話し手側の情報発信にモレや混乱が生じているケースがあるからだ。言葉の意味をとり違えていたり、うろ覚えだったりと、頭の中に蓄積されている知識が必ずしも正しいものではないことを認識することが大切だ。また、発信する側も、いつも伝えたいことを伝えきれているわけではなく、不十分な情報伝達で終わっていることを前提に、コミュニケーションを図っていくことが必要だ。

## 確認によって情報の誤った認識を避ける

聞きとりの不十分さをカバーする最も効果的な方法は、確認をとることである。例えば上司から何かを指示された時には、指示事項を復唱する。また、顧客からオーダーを受けた時には、オーダーされた内容を繰り返して、モレや勘違いがないかを確認する。確認をとることは、正しい情報伝達だけでなく、相手の信頼を勝ちとる上でも有効である。なぜなら、丁寧に仕事を進めようとする姿勢をアピールできるし、復唱することで物事を整理する力を訴求することもできる。ビジネスシーンの中で、報告・連絡・相談に並んで、確認が重視されるのは、ビジネスを円滑に進めるための要件であると同時に、こうした副産物があるからだ。

## 確認は相手視点で行う

確認作業は、自分の疑問点をクリアするための作業だと思っている人がいる。また、顧客や上司に対して、疑問や不明点を聞くだけ聞いて確認作業を終えてしまう人がいるが、そうした対応は誤りだ。**確認作業は、顧客や上司にとっても、情報の受け渡しが正しくなされたかをチェックするための大切なステップである。**確認をする際には、どんな指示やオーダーを受けたのかを相手に伝え、相手に安心してもらうこと。その上で、「実行するにあたり至らない部分があるので、追加で教えて欲しい」というスタンスで、確認作業に臨むことが重要である。

---

**●確認作業のポイント**

| | |
|---|---|
| 確　認 | 話し手と聞き手の情報ギャップをなくす行為、安心を得る行為 |
| 話し手 | きちんと確認をとってもらったことで安心できる |
| 聞き手 | 確認することで、安心してその後の行動に臨める |

**確認のステップ**

聞いた内容を整理して相手に伝える（復唱する）
（何を指示されたのか、目的は、どう行うかを明確に）

▼

復唱した内容に誤りがないかを確認する

▼

実行する上で不足な情報を質問する

## ⑥ 「伝える」話し方から「伝わる」話し方へ

### ローコンテクスト時代がやってきた！

コンテクストという言葉がある。これは、言語や知識・体験・価値観・論理・嗜好性などの共有性のことで、日本社会はこれまでハイコンテクスト、共有性の高い社会として認識されてきた。ハイコンテクスト社会においては、伝える努力やスキルがなくても意志疎通を図ることが容易であり、日本社会も、「あー」といえば、「うん」という形でコミュニケーションが成り立ってきたといえる。しかし、人々の意識・価値観が多様化、個別化する中で、阿吽の呼吸でコミュニケーションを図ることは困難である。また、グローバル化の進展によって海外で働く人、また日本で働く外国人労働者も増加。ローコンテクスト時代のコミュニケーションを真剣に考える時期を迎えている。

### 「伝える」技術から「伝わる」技術に

ローコンテクスト時代におけるコミュニケーションといっても、特別な手法があるわけではない。ポイントは相手の立場に立つこと。自分なりに発信すれば意志疎通はできるという自分本位のコミュニケーションから、どうすれば相手に伝わるかを真剣に考えるコミュニケーションに転換していく。「伝える」から「伝わる」に視点を置いたコミュニケーション技術の習得が必要なのだ。

## 信頼関係をベースにした情報発信が必要

積極的傾聴法は、人間尊重をベースにした聞く技術で、「共感」「受容」「誠実」を柱にしている。情報発信も同様である。相手に伝わるように話すためには、前提条件として相手との信頼関係が構築されなければならない。特に情報過多の時代においては、情報の信憑性に対して疑心暗鬼に陥っている人が少なくない。どんなに魅力的な商品であっても、うさん臭い人が宣伝していたら購入しようとは思わないし、逆に、信頼できる人が勧める商品であれば購入を検討することになる。

**「伝わる」ように話すためにはまず、信頼関係を構築すること。**その上で、相手が理解しやすく、かつ共感できるような話し方を身につけていくことが重要である。

---

●ローコンテクスト時代の情報発信

**前提条件**

・相手は、自分と同じ知識や体験、価値観を有している人間ではない
・情報は、相手に「伝わる」ように発信することが重要である

**必要条件**

| | |
|---|---|
| 信　頼 | 相手を理解・尊重し、信頼関係を構築する |
| 論　理 | 相手が理解しやすい内容、文脈、言葉で伝える |
| 共　感 | 一生懸命に、相手の気持ちに配慮して伝える |

ここがポイント!

## 論理力はWhat-Why-Howの連動

情報の伝達は5W1H（5W3H）をモレなく伝えることが前提だ。また、伝えるべき内容（What）をきちんと理解してもらうためには、「理由（Why）」を明確にすることが必要である。とりわけローコンテクスト時代においては、具体的なイメージ（How）まで伝えることがより重要になる。

### 1 相手のメリットを探す

「伝える」から「伝わる」へと転換するためには、自分の意見が、相手にどのようなメリットを与えるかをまず整理する。自分がしてほしいことを要求する時でも、なぜそれを相手がやらなければならないのかといった理由を示すだけでなく、相手にとってどのようなメリットが生まれるかを示すことが重要になる。

### 2 話す順番を意識する

日本語は、文法上、最後に結論（述語）がくる。しかし、長々と前置きばかり話していると、相手は聞くことに疲れてしまい、結論がどんなに魅力的なものであっても関心を示さない。相手に伝わるように話そうとするなら、まずは「結論（Ｗｈａｔ）」を述べ、次に「理由（Ｗｈｙ）」、そして「その裏付けや具体的な方法（Ｈｏｗ）」の順番で話そう。また、最後に相手にとってプラスαのメリットを付け加えると効果的だ。

## スキルアップのコツ

# タイプによって伝え方を変える

相手との信頼関係を築き、相手に共感を持ってもらえるように話すことは重要だが、話し上手な人は、相手のタイプ別にアプローチ方法を変えていることが多く、それが、共感度の高いコミュニケーション力を支えている。ここでは聞き手の6つのタイプを把握しよう。

□**論理志向**：物事を論理的に捉えるタイプ。話しの筋道を明確にするとともに、裏付けとなるデータをきちんと示すことで訴求力が増す。

□**感覚志向**：感覚的に物事を判断するタイプ。相手の嗜好性を把握するとともに、1点でもいいから〝光る〟（ユニークな）アイデアを提案するとよい。

□**人間志向**：論理やセンスよりも人間性を重視するタイプ。誠実に向き合い、一歩一歩距離を縮めていくことが大切だ。

□**効率化志向**：物事を効率的に進めることを重視するタイプ。「結論は先、話は短く明確に」をモットーにアプローチしたい。

□**固執タイプ**：自分の主義・主張に固執しがちなタイプ。一方で自分より知識や経験がある人の助言は受け入れやすいので、上司や熟練者と一緒にアプローチする。

□**柔軟タイプ**：柔軟でいろいろな提案を受け入れてくれる一方で、なかなか決めてくれないタイプ。リスクを回避したいとの思いに着目すると効果的。

# ⑦ 相手に伝わるためには「演出」も大事

### 相手に好印象を与える声や表情がある

話している内容は、論理的で共感を呼ぶものなのに、声が小さかったり、暗かったりすることでマイナスの印象を与えてしまう人がいる。声が小さければ何を言っているかわからないし、また、声が暗ければ自信がないように受け取られてしまうこともある。

会話は、言葉によるコミュニケーションだと認識されているが、アメリカの心理学者であるアルバート・メラビアン博士が行った実験によると、人が他者から受け取る情報のうち、言葉が占める割合はたったの7％。顔の表情などの視覚情報が55％、声の質やトーンなどの聴覚情報が38％という結果が示されている（メラビアンの法則）。相手にきちんと伝わるコミュニケーションを図ろうと思ったら、顔の表情や声にも配慮しよう。

●人が他者から受ける情報の割合

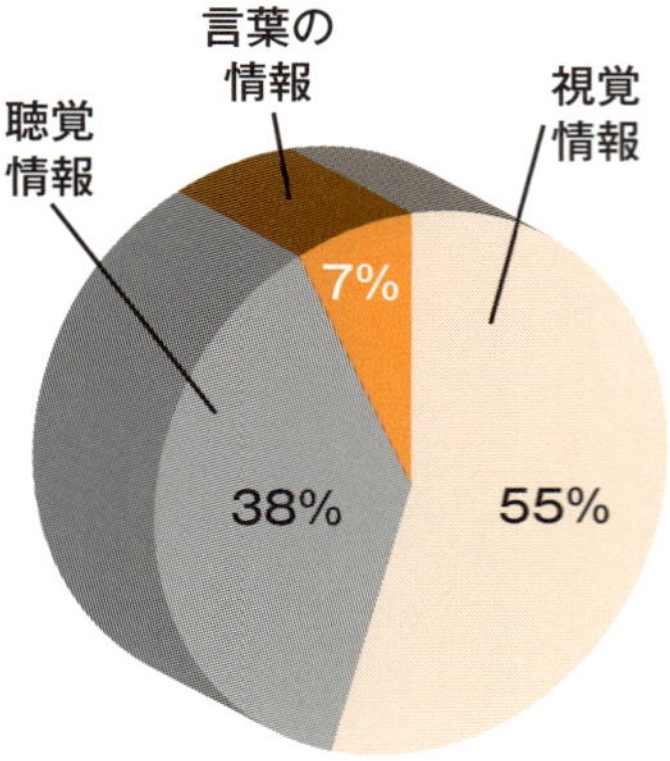

## まず自分の表情や声を知ろう

表情や声は、自らの意志で変えることができる。だが、どのような表情や声に好感が持てるのかを客観的に認識している人は多くない。まずは、身近な人の表情や声を分析し、好印象を与えている人、逆に悪い印象を与えている人の特徴を把握することが大切だ。その上で、自分の表情や声と比べ、修正すべき点を見つけてみよう。

ただし、自分の表情や声の様子を確認するのは難しい。表情については鏡を見るだけでなく、ビデオで録画したり、友人から指摘してもらうとよい。

また、声もボイスレコーダーに録音すると、自分の声の大きさやトーン、質をしっかり把握することができる。

●印象を左右する表情・声

| ○ | | × |
|---|---|---|
| ○笑顔で対応 | 表情 | ×気難しい顔 |
| ○目を見て話す | 表情 | ×視線を合わさない |
| ○正面を向く | 表情 | ×うつむきがち |
| ○清潔さ | 表情 | ×無精髭、過度な化粧 |
| ○力強い声 | 声 | ×小さな声 |
| ○明るい声 | 声 | ×暗い声 |
| ○通る声 | 声 | ×こもる声 |
| ○響く声 | 声 | ×か細い声 |
| ○やわらかい声 | 声 | ×かたい声 |

ここが
ポイント!

## ＴＰＯに応じた声の出し方を

声の出し方が大切だからといって、いつも明るくて大きな声を発すればいいわけではない。ＴＰＯに応じた表情や声の出し方を意識すること。その場の雰囲気をきちんと把握した上で、ふさわしい表情、声を「演出」していくことが必要だ。同様に、声の高さについても使い分けることが求められる。

**1 出社時やお客さまに感謝するとき**
明るく元気な声で

**2 謝罪をするとき**
抑制のきいた声で謝罪の意を心をこめて

**3 電話で対応するとき**
声のみのコミュニケーションなので言葉を明確に歯切れよく

スキルアップのコツ

# ボイストレーニングをして声質を高めよう

声の質を上げるためには、ボイストレーニングが重要だ。トレーニング方法はさまざまだが、誰もができる方法に複式呼吸を使ったものがある。息を吸う時にお腹を膨らませ、吐く時にお腹をへこますことを意識して発声する（『アー』と声を出す）トレーニングを重ねてみよう。

表情の作り方については、笑顔に注目するとよい。笑顔は人を引きつける。相手を包み込むような笑顔なら、コミュニケーションも活性化する。ただし、無理に笑顔を作ろうとすると不自然で印象が悪くなる。表情を意識するのではなく、今まで一番楽しかったことを思い浮かべるなど、自然に笑顔が浮かぶようなイメージトレーニングが有効だ。

1

**息を吐く**

お腹をへこませながら、ゆっくりと口から息を吐き出す。お腹の底からすべての息を体の外に出すイメージで。

2

**息を吸う**

背筋を伸ばし、空気を溜め込むような感覚でお腹を膨らませながら、ゆっくりと鼻から息を吸う。

3

**リップロール**

唇の両端を押さえ、軽く閉じた状態でゆっくりと息を吹くいて唇を振動させる。声帯の準備運動になる。

4

**発声する**

口を大きく開け、腹筋を意識しながら息が続くまで発声する。喉の奥を開き、息をスムーズに流すようなイメージで。

# 8 「説明」に求められる わかりやすさのスキル

## わかりやすさ＝簡潔・明快であること

わかりやすく説明するために、多くの情報を盛り込み、できるだけ細かく説明しようとする人がいる。当然、説明に要する時間も長くなるわけだが、わかりやすさ＝大量で細かい説明と認識している人は「説明上手」にはなれない。冗長な説明、細部にこだわった説明をされても何を言いたいのかわからない。また、ムダな時間を奪われることに怒りすら感じることもある。わかりやすさとは、簡潔で明快であること。説明力を向上させようと思ったら、あれもこれも伝えようとせず、言うべきことを1つのテーマに絞って話していくことが大切だ。

## 言いたいことを先に伝えるのが基本

わかりやすく説明するためには、結論を先に伝えることも大切だ。報告書の提出期限の延長を依頼する場合なら、「申し訳ありません。報告書提出の期限を○日まで延長していただきたく、お願いにまいりました」と、最初に言うべきだろう。ところが多くの人は、相手に怒られるのではないかといった不安が先行し、提出期限に間に合いそうもない状況を伝えようとする。その結果、期限延長の依頼どころか、「君は何が言いたいんだ。そんなことを話している暇があるなら、早く仕事に戻れ」と言われる始末。言い訳先行では何も伝わらないことを認識しよう。

## 相手のレベルに合わせた説明を

論旨が簡潔・明快であっても、また、結論を先に伝えても、話す内容が相手の理解を超えてしまっては伝わらない。相手にわかりやすく説明しようと思ったら、**相手のキャリアや知識がどのレベルにあるのかを想定し、相手が理解できるような話し方を心掛けること**が大切だ。また、専門用語や外来語を使いすぎないように。一般に普及しているもの以外は、誰もが理解できる言葉に置き換えて説明することが大切だ。

## 「わかりにくさ」の要因を知ろう

わかりやすく説明するスキルを身につけるには、逆に、わかりにくい説明の要因を知っておくとよい。具体的には、下記のような項目が、わかりにくさの要因になっている。

**●わかりにくい説明になる主な原因**

1. 結論がわからない、結論がなかなか出てこない
2. 話が二転三転する。話の中身が矛盾している
3. 前置きやいきさつが長く、重要な話しが希薄
4. 話しが飛躍する。いきなり別の話題が出てくる
5. 質問に対応した答えが出てこない。YES、NOがわからない
6. 表現があいまい。抽象的でイメージがわかない
7. 言葉足らず。指示語が多い

ここがポイント!

## 「数字」「たとえ・まとめ」を活用しよう

説明上手な人の話し方には、いくつかの特徴がある。話の間が抜群であったり、身ぶり手ぶりを交えた動きが印象的であることもポイントだ。しかし、そういったスキルはすぐに身につけられるものではない。そこで、誰でもすぐ実践でき、今日から説明上手になれる簡単な方法を紹介しよう。

### 1 数字を活用する

商品の特徴を説明するような時は、特徴をいきなり説明するのではなく、「当社の商品には、次の3点の特徴があります」などと述べてから説明を始める。また、理由や事例を挙げる時も、「次の3つの理由が考えられます」と述べる。そうすることで、聞く側に話す内容を予告することができ、話が通りやすくなる。

### 2 「たとえ」「まとめ」を活用する

抽象的な話をする時は、「例えば…」と事例を挙げて説明する。具体的な話、事例の説明が長く続いた時は、「まとめると…」と要点を一度整理すると理解が進む。話を区切る時にも、「これまでは、○○○について話をしてきましたが、次に○○○について話したいと思います」と、次の話題に移ることをはっきりとさせる。

スキルアップのコツ

# 説明前の「準備」が説明力を向上させる

わかりやすく説明しようと思ったら、説明時のスキルだけでなく、説明前の準備を入念に行うことも大切だ。例えば、会議でプロジェクトの進捗状況を説明する際には、次のようなステップで、説明するための設計図（レジュメ）を作っておこう。

**ステップ1**：説明する際の「柱」を設定する

**ステップ2**：各「柱」で話すべき項目をふせんに記載する

**ステップ3**：記載したふせんを話す順番に並び替える

**ステップ4**：説明の冒頭と終わりに語る言葉を考える

**例**

**冒　頭**＝説明内容を予告：「今回は、プロジェクトの進捗状況について、〝現在の到達点〟と〝今後の課題〟についてご説明します」

**まとめ**＝聞き手へのメッセージ：「以上で説明は終わりますが、このプロジェクトは、皆さんの理解と協力がなければ進みません。ぜひ、協力をお願いします」

# ⑨ 相手不在の「提案」は通らない

## ☑ 企画の細部にこだわりすぎない

ビジネスの世界では、顧客や上司に対してさまざまな提案を行うことが求められる。だが、実際には提案が通らず苦労することが少なくない。その原因は、提案の中身にこだわりすぎ、内容の優位性を説明することに終始してしまい、相手にとってどんなメリットがあるのかを訴求しきれていないためだ。たしかに自分（自社）の知識や経験を総動員して作り上げた提案であれば、企画のディテールにこだわりたくなるのもわかる。しかし、相手の視点で提案がなされなければ、どんなに優れた提案も通る可能性が低いことを認識しよう。

## ☑ 提案は、めざすべきゴールを示す

提案上手になるためには、提案の初期段階で、相手の気持ちをつかむことが大切だ。つまり、相手に提案を聞いてみようという気にさせることがポイントになる。具体的には、相手のメリットになる提案を持ってきたことを明確に伝えること。「前年比１２０％の売上達成をめざす販促案を持参しました」「クレーム半減をめざすスタッフ教育について提案をさせてください」といった形で、提案の目的を明示することが重要だ。

ただし、通り一遍の目的を掲げても、提案され慣れている相手の心には響かない。目的と同時に、提案の核心部分を端的に述べるこ

とが求められる。例えば、「前年比１２０％の売上達成をめざす販促案」を持参したのであれば、「そのためには、女性層をターゲットにした新たな商品の投入が必要です」といった具合に、これから提案する企画の核心部分を、明確で力強い言葉で表現することが求められる。

### ☑確信と謙虚さを両立させる

相手にとってのメリットを力強く伝えることが提案のポイントだが、一方で、**リスクについても正直に伝える謙虚さを持つことが大切だ。**どんなに優れた提案、説得力のある提案を受けても、１００％納得することはない。提案に対して何らかの不安を感じているのが実情で、その点について正直に言及したほうが、信頼度が上がることを認識したい。

---

●こんな失敗にはこんな原因が

**Q. 画期的な提案なのにわかってくれない**

A. □自分だけがわかる言葉で説明している
□提案がどうビジネスに生きるのかわからない
□実は、自分だけが画期的だと思っている

**Q. 前例がないからと断られた**

A. □断った本当の理由を探る（予算がない？　体制を作るのが面倒？）
□周囲を説得する材料や、担当者の負担を減らす方策を用意していない

**Q. 本当に実現するのと疑われた**

A. □企画提案の論理が飛躍
□きれいな資料作りにとらわれすぎ
□数字を把握していない

ここがポイント!

## 提案上手になるための５つのポイント

提案上手になるためには、前述した以外にもいくつかの留意点がある。上司や顧客を納得させ、受け入れてもらうためには、自分自身の頭の中も整理し、理路整然と話す必要があるだろう。提案の基本として次の５つのポイントに注意しよう。

### 1 最初に企画の目的を提示する

「売上前年比１２０％達成をめざす販促案を持参しました」など、提案の目的をまず明示する。

### 2 アウトラインを伝える

いきなり具体的な提案に入るのではなく、提案内容の全体像を提示し、提案の何が顧客や上司のメリットにつながるのかを明示する。

### 3 ５Ｗ３Ｈで整理し、説明する

提案内容は、５Ｗ３Ｈを明確に整理して説明することが大事。ただし、提案内容のすべてを説明するのではなく、反応を見ながら関心の高い項目にポイントを置く。

### 4 顧客や上司の視点、その先の顧客の視点で話す

相手にどんなメリットがあるかという視点で説明するのが基本だが、その先に位置する顧客の営業・販売先、上司のさらに上の上司の視点から見て、どのような効果があるかを説明する。

### 5 想定されるリスクも正直に語る

どんな提案にもリスクがあることを踏まえ、現時点で想定されるリスクと、リスクが発生した時の対応策についても触れておこう。

スキルアップのコツ

# 事前のプレゼン練習でプレッシャーに勝とう

顧客や上司への提案は、かなりのプレッシャーを感じる作業だ。予想もしなかった質問をされて、頭が真っ白になり、その場で立ち尽くしてしまったという経験を持つ人もいるだろう。提案上手になるためには、そうした状況をあらかじめ想定し、事前にプレゼン練習を重ねておくとよい。

**●プレゼンの事前準備のポイント**

**提案する内容、順番、時間配分を確認する**

**提案資料に「穴」がないかを確認する**

**実際に使用する資料を使って練習する**

**上司や同僚にプレゼンの癖を指摘してもらう**

☑プレゼンのチェックポイント

- □話すトーン
- □話す姿勢・目線
- □資料の見やすさ
- □資料への依存度（資料を棒読みして、相手を見ないなど）

# ⑩「交渉」成立のカギは土俵づくりにある

## 自己主張するだけではまとまらない

関係者の利害が対立したり、より優位な条件で業務を進めるためには、交渉のスキルを身につけることが大切だ。しかし相互の利害がからめば、うまくまとめることは難しい。互いの主張をぶつけ合って不調に終わることも少なくないし、交渉の決裂が、それまで構築してきた関係までも壊してしまうこともある。

交渉がまとまらない原因。それは自分の主張に固執しすぎていることだ。相手にとってもメリットがある提案でなければ、交渉はまとまるはずがない。また、交渉を勝ち負けとしてとらえてしまう発想、すなわち、常に相手より優位に立たなければならないという姿勢も、交渉を難しくしている原因であることを認識しよう。

## 共通の土俵を作ることが大事

交渉は一方的なものではない。例えば、納期の延長を依頼する場合を考えてみよう。どんな事情があるにせよ、納期の延長は相手にとっては迷惑なことである。しかし、納期が遅れる代わりに、当初のオーダー以上の結果が得られるなら、相手も交渉に応じてもいいと考えるかもしれない。「納期が遅れる代わりに、プラスαの仕事も安価で引き受けます」といった提案がなされれば、話し合いのテーブルについてくれることもあるだろう。

大切なのは、自分（自社）の主張を通すことだけを考えるのではなく、両者（社）にとってメリットのある提案を含んで交渉すること。**まずは、両者（社）が話し合うための共通の土俵を作り、妥結点を探っていくことが重要だ。**

## 交渉上手になるための3つのポイント

交渉をうまくまとめるために必要なのは話術だけではない。事前の準備が何より重要である。相手に納得してもらい、自分と相手の双方が折り合って合意点を見出せるよう、次の３つのポイントをおさえよう。

### 1. 相手にとってのメリットを整理する

自分（自社）の利益だけでなく、相手にとって、どうすればメリットが生じるかを事前に整理しておく。

### 2. 妥協点と妥協する条件を決めておく

交渉事に１００％はない。主張が通らなかった場合、どこまで妥協できるかを想定しておくことが大事である。ただし、最初から妥協点を出してしまっては交渉にならない。妥協する条件を設定し、そこまでのプロセスを組み込んでおくことが大切だ。

### 3. 「ヒト」ではなく「コト」で対峙する

交渉が難航すると、ついつい、交渉の中身（コト）ではなく、交渉相手（ヒト）を問題視し、そのことが感情的な対立を招くことがある。「誰が」ではなく、「何が」交渉のポイントなのかを意識する。

ここがポイント!

## 相手のニーズ、本音を引き出す

相手にとってのメリットを事前に考えておくことは、交渉の鉄則だが、相手のニーズを想定できないことはある。また、交渉の過程でも相手が何を考えているのかわからず、共通の土俵が作れないことも少なくない。そんな時は、次のような方法で相手のニーズ、本音を引き出そう。

1

「なぜ、当社の提案を受け入れていただけないのでしょうか」

相手が受け入れてくれない理由を率直に尋ねる。ただし、「なぜ」「なぜ」ばかり言っていると、相手を圧迫してしまうので、多用しないこと

2

「これは私見ですが、お客様としては、○○○○○○であるべきだとお考えなのではないですか」

「○○○○と考えてもよろしいでしょうか」

相手の立場に立って、ニーズ・本音を推測して質問する

3

「今回の提案を、双方にとってメリットのあるものにしたいと思います。受け入れていただける条件を率直に教えていただけないでしょうか」

提案を受け入れてもらえる条件を率直に尋ねる

TIPS

スキルアップのコツ

# 反対意見を言う時、断る時の作法

交渉は、立場・利害の異なる人間が行う行為であり、感情的に対立が生まれやすい。しかし、交渉はまとめることが重要であり、いたずらに対立を招くことは好ましくない。反対意見を言う時、あるいは、断る時には、次の点に注意したい。

□**反対意見を言う時**：相手の主張を受入れた上で問題点を指摘する（YES－BUT法）。相手の意見にすぐに反論すると、感情のぶつかり合いになりやすい。積極的傾聴のスキルを生かして、まずは相手の意見を受け入れる（YES）。その上で、自分の意見・主張を述べる（BUT）。

**（例）「ごもっともです。しかし、それを実現するためにはこうした問題が…」**

**（例）「そういう考え方もあります。しかし、この場合は、こう考えるべきでは…」**

□**断る時**：無理なものは無理と伝える。相手の要求を断るという行為は意外に難しい。相手に悪い、という感情が沸き上がるからだ。しかし、できないものをできると言って期待をもたせるほうが罪。どうすればできるかを最大限考えた上で、どうしてもできない時には、はっきり伝えよう。ただし、相手から聞かれない限り、できない理由を述べる必要はない。相手をさらに傷つける可能性があるためだ。

# 11 これであなたも「依頼」上手になる

### 依頼はピンポイントで行うことが基本

仕事は一人でしようと思っても、できるわけではない。上司や同僚、外部の協力スタッフに仕事の一部を依頼し、一緒に進めるのが一般的だ。しかし、何を頼めばいいのかを整理しないまま、依頼しようとする人が少なくない。また、依頼内容は明確だが、いつ、どのように依頼すればいいかがわからずに悩んでしまう人も多いだろう。

依頼の基本は、「ピンポイント」であること。まずは、自分が抱えている仕事を整理し、自分が対応できるものと、できないものを明確にすることが大切だ。もし、依頼内容さえもあいまいな状況ならば、上司や経験豊富な先輩社員に「相談にのってほしい」と依頼する。相談も依頼の1つだと認識しよう。

### 依頼内容は相手の視点で伝える

依頼内容が明確になったら、実際に、相手に何をしてほしいのかを的確に伝えるステップに入る。その際、ポイントとなるのが、相手の立場に立った伝え方を心掛けること。「何をしてほしい」だけでなく、「なぜしてほしいのか、やってもらったらどうなるのか」（相手に納得してもらう）、また、「どのようにしてほしいのか、留意点は何か」（相手の作業が無駄にならないようにする）を伝えることが大切だ。

## 納期と予算の話は必要不可欠

依頼するとき、業務の振り分けにのみ関心が集中し、「納期」や「予算」の話をおろそかにしてしまう人がいる。しかし、締め切りのない仕事はないし、人が動けば、当然コストがかかる。もし、「1週間くらいで」とあいまいな納期設定をしてしまうと、1週間以内でできると思っていた仕事が、10日後になってようやく上がってくるという事態を招きかねない。また、「あまり予算がないのですが…」と、予算が低いことを伝えてあったとしても、予算に関する認識は個人差が大きい。お互いがイメージした予算の額に相違があった場合、後で大きなトラブルになることもあるので注意が必要だ。

忙しい人に依頼する場合、厳しい納期を伝えるのは心苦しく感じるのは人情だ。また、お金の話は極力したくない、という人の気持ちもわかる。しかし、納期や予算を伝えずに困るのは、自分だけではない。依頼された側にも迷惑がかかることを認識し、依頼をする最初の段階でクリアにしておくことが大切だ。

●あいまいな依頼は後でトラブルになることも

1週間くらいって言ってたのに、まだ納品されないんだよ！
1週間くらいって言ってたでしょ。1週間以内なら、最初からそう言ってよ！

ここが
ポイント!

## スケジュールの丸投げは危険

依頼する相手に納期を伝える場合、ポイントになるのが、納期に向けた細かなすり合わせをすること。「○日までに納品してください」といった形で納期までのスケジュールを相手に丸投げすることはＮＧだ。依頼するときには、次の点に留意してスケジュールを伝えよう。

### ❶実際の納期を前倒しした納期で依頼する

納品までの間に何が起こるかわからない。突発的な出来事に対応できるように、実際の納期を前倒しして依頼する。

### ❷納期までの工程を分け、進捗状況をチェックする

発注から納品までの工程をいくつかのステップに分け、進捗状況を定期的にチェックする工程をはさみ込む。

工程表

| | 7月 | 6日 | 7日 | 8日 | 9日 | 10日 | 11日 | 12日 | 13日 | 14日 | 15日 | 16日 | 17日 | 18日 | 19日 |
|---|---|---|---|---|---|---|---|---|---|---|---|---|---|---|---|
| | | 火 | 水 | 木 | 金 | 土 | 日 | 月 | 火 | 水 | 木 | 金 | 土 | 日 | 月 |
| ステップ1 | 設計 | — | 検 | | | | | | | | | 検 | | ○○店、□□店、△△店納品 | |
| | 研磨 | | — | 検 | | | | | | | | 検 | | | |
| | 成形 | | | — | 検 | | | | | | | 検 | | | |
| ステップ2 | 組立 | | | | — | — | | — | 検 | | | 検 | | | |
| | 梱包 | | | | | | | | — | 検 | | 検 | | | |
| | 包装 | | | | | | | | | — | 検 | | 発送 | | |

### ❸相手のキャリアを踏まえたスケジュールを提示する

初めて取引する事業者であったり、経験の浅い人に依頼する場合は、初期段階でオーダーの理解などを確認する場を設ける。また、❶と同様、最終チェックの時期を早め、余裕をもったスケジュールを立てておくことが大事だ。

スキルアップのコツ

# 忙しい上司・先輩に依頼するコツ

相手がどんなに忙しくても、その人にしか知識やスキル、ノウハウがない場合、無理を承知で依頼をしなければならないことがある。しかし、ただ「お願いします」と依頼しただけでは、「忙しいから無理」と言われるのがオチだ。

そういう場合は、「相談」の形で話を持ちかけること。上司や先輩社員にとって、部下や後輩社員の相談ごとに対応することは当然の責務であり、「相談くらいなら、たいした時間はかからないだろう」と考えてくれる可能性が大きいだろう。

ただし、いきなり答えを求めるような相談の仕方をすると、「まずは自分で考えろ」と言われてしまう。上司や先輩社員の知識やノウハウを聞き出すようなスタンスで臨むとよい。

例えば、ある顧客のホームページをリニューアルすることになり、先輩社員の知恵を借りたい場合なら、「リニューアルの話があるので、先輩からアイデアをもらいたいのですが」ではNG。

「リニューアルの話があるんですが、前回のリニューアルのときは、どのような段取りで進めたのですか?」と、過去の経験から話を引き出していくのが有効だ。

過去のことなら、負担感なく話をしてくれる人は少なくない。また、過去の事例を思い起こすうちに、今回のリニューアルについての意見やアイデアを伝えてくれる人も多い。急がば回れではないが、依頼しにくい相手には、相談から始めることが大事だ。

Column

## 相手との距離を縮める “コフートの法則”

アメリカの精神分析学者であるハインツ・コフートが提唱したことから“コフートの法則”と呼ばれるものがある。これは、人間は心のどこかに、「ほめられたい」「頼りたい」「同調してほしい」という3つの欲求を持っているというもので、対話の際、相手の3つの欲求を満たすことができれば、その距離を大幅に縮めることができる。

例えば、相手の長所や見習いたい点を発見したら、素直に口に出してみる。また、何か壁にぶつかったら、率直に上司や先輩に相談をもちかけてみよう。おそらく、多くの人がほめられて悪い感情は持たないし、頼りにされれば相手のために何かしてあげたくなるのが人情だ。

また、人間は自分の発言や考え方に共感してくれる人に仲間意識を持つようになる。相手の話を肯定的に聴くこと、また、相手の意見を受け入れた上で、それを発展させるような提案を投げ返してみよう。そうすることで人間関係は共感から信頼へと発展し、仕事もスムーズに進むようになる。

ありがとう ございます
企画書 よくできているよ

# 第2章

# 「読む力・書く力」を鍛える

# 1 読書以上の自己投資はない

## 「読む力」はネット検索で身につかない!?

情報を得るだけならインターネットを活用するほうが効率的だ。また、キーワードを適切に組み合わせることで、思いもつかなかった情報にたどり着くこともある。しかし、インターネットを介した情報検索は、あくまでも断片的な情報を得るためのもの。情報を検索する人のリテラシーが低ければ、ビジネスに有用な情報を得られないし、虚偽の情報に振り回されることがある。読む力を身につけようと思ったら、先人の知恵と経験が詰まった本を徹底活用することが大切だ。また、読む力を向上させることで、情報リテラシーそのものを高めることができる。

## 読書の最大のメリットは自己形成

読書をすることの最大のメリットは、人間として、またビジネスパーソンとしての自己形成を促進してくれることだ。情報を得るだけならネットでもいいが、何かを感じ、何かを考えるためには、体系的な〝知〟を受け止め、自分なりに自省するプロセスが必要になる。また、何かの課題にチャレンジするためには、物事を体系的にとらえたり、筋道を追って考え抜く力が必要だ。実際、読書を習慣にしている人は、情報を整理したり論理的に考えることがうまい。また、広範なジャンルの知的資産に触れてきた人は、自ずと物事を捉える視点が多角的になり、洞察も深くなる。

## 毎日読む、数をこなすことで習慣化する

読書の大切さを理解できたとしても、忙しい毎日を送る人が読書を習慣にすることは難しい。しかし、「読書も仕事」などと割り切ってルーチンワークにしてしまうという手もある。まずは毎日、10分でもいいから本を読む時間を確保しよう。例えば、通勤時や昼食時の一部を読書の時間にあてる。毎日、決まって行う行動とセットにすることで、読書が習慣化される。

同時に、読書の目的を明確にすることも習慣化のためには有効である。スキルアップのため、人間関係を豊かにするため、といった目的を掲げてみよう。そして、目的を達成するためには手帳などを活用して読書計画を立案する。行動を具体化することで、読書が習慣化されていくに違いない。

### ●読書の習慣をつける方法

**毎日、読書時間を確保する**

- 朝、座って通勤できる人は電車の中で
- 昼、一人で食事をする人はお店の中で
- 夜、お風呂に長く入る人はお風呂の中で
- 退社時、家に帰る前に図書館に立ち寄る
- 帰宅時、最初の行動を読書に設定する
- 就寝時、最後の行動を読書に設定する

**読書の目的を明確にする**

- 本を購入したら、読み終える日時を設定
- 取得する資格を設定し、関連書籍を読む
- 同僚と読書会を企画し、読む本を宣言
- 友人や恋人との会話のために本を読む

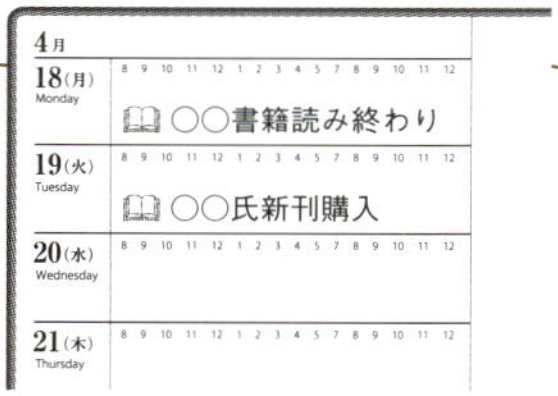

ここがポイント!

## クリティカルリーディングを心掛けよう

読書を習慣化するためには、できるだけ多くの本を読むことが重要である。とりあえず10冊読破することをめざし、クリアするまではけっして投げ出さない覚悟を決めてほしい。同時に読んだ本の内容を正しく理解し、良いか悪いか根拠をあげて評価するクリティカルリーディングを意識しよう。

### 1 同じテーマの本を読む

関心を持ったテーマの本を、まずは10冊読んでみる。関心のあるテーマであれば理解しやすいし、もっと読みたいという欲求にもつながる。また、同分野の知識が増えてくると、内容を評価しようという意欲も向上。クリティカルリーディングにつながっていく。ただし、自分の仕事に関連したテーマばかりだと、思考の幅も知識の幅も広がらないので注意が必要だ。

### 2 同じ作家の本を読む

面白いと感じた著者がいたら、その人の本をすべて制覇することを目標にしてみよう。ビジネス書の著者でも、小説家でも、思想家でもいい。その人のモノの見方や考え方が体系的につかめるようになったらしめたもの。自分の思考や感性もひと回り大きくなっているに違いない。

### 3 同じ出版社の本を読む

出版社には、出版する上でのポリシーやこだわりがある。同じテーマ、同じ作家の本だけを読んでいることに飽きたら、理念が近い出版社の本の山にチャレンジしよう。

TIPS

スキルアップのコツ

# ＴＰＯに応じて読む本を変えてみる

可能な限り多く、かつ異なる分野の本を読むことで、視野はどんどん広がっていく。一般書に限らず、新聞や雑誌、コミック誌なども含めた多様な読書習慣を持つことで、ビジネス脳は鍛えられる。例えば、朝起きたら自宅で全国紙と地元紙の新聞に目を通し、通勤時にはスポーツ新聞を読む。そして、昼休みになったら小説を片手に昼食に出かけ、夜は疲れた頭を休めるためにコミック誌を読む。

　これは、あるビジネスパーソンの1日の読書体験を記述したものだが、このビジネスパーソンは、休日になると、1週間で関心を持ったテーマに関連したビジネス書、専門書を読むことも習慣にしている。ただし、個々の読書時間はスキマ時間から捻出しており、けっして無理をしているわけではない。それどころか、多様な読書体験が、企画立案や人間関係作りに役立っており、読書が効果的な自己投資であることを示している。

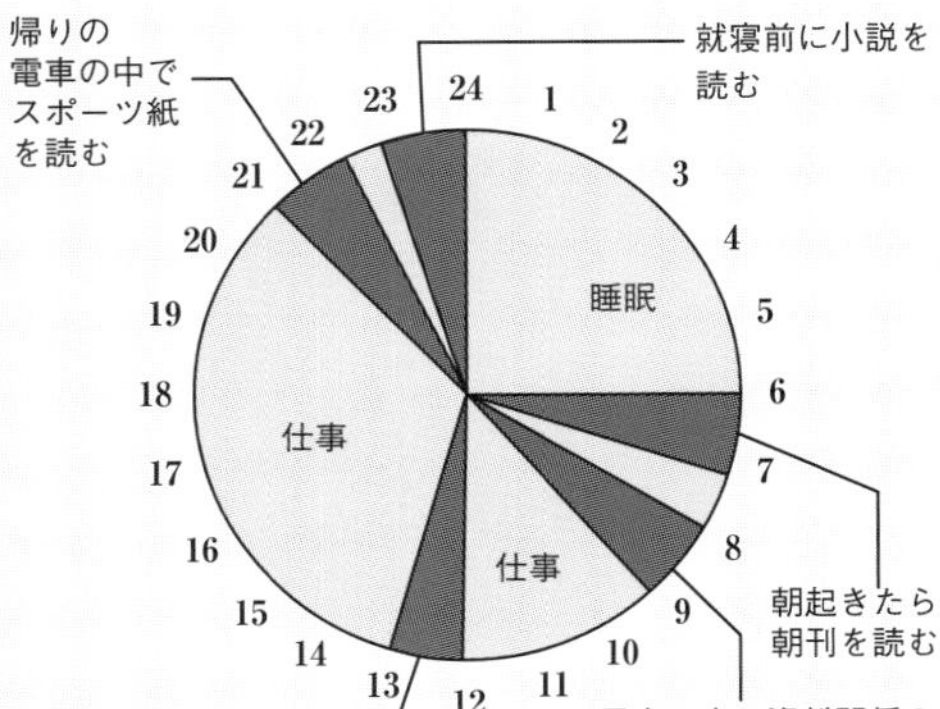

## ② 可能な限り速く読むスキルを身につける

### 情報社会において速読は基本スキル

情報社会＝スピードが問われる時代である。ビジネスパーソンの多くは、ネット上で追いかけっこをするようにして情報を拾うが、断片的な情報では役に立たないことに愕然とする。かといって1冊の本を読むには時間がかかるために読書は敬遠しがちだ。速読は、そんなジレンマを打ち破るスキルである。

ただし、世の中に出回っている速読法の中には、特殊なトレーニングが必要だったり、一定の学習コストが必要になるものも少なくない。時間も資金も有効に使いたいビジネスパーソンであれば、速読のための普遍的なスキルを身につけることで対応したい。

### 精読する本・ページを選び出す

速読は、目を速く動かすことではない。まずは精読する本と、ポイントだけ読む本とを仕分けすることが重要である。わかりやすくいえば、必読誌と参考書とに分けるということ。必ず知識として身につけなければならない本は精読し、一方で、理解を助けてくれる、あるいは参照するために読む本ならポイントを押さえて読む、といった具合に仕分けることが効果的な速読法である。

具体的にはまず、目次を精査する。目次を見ればどんなことが書いてあるか概ね把握できる。また、最初にあとがきを読むことで、著者がどんな視点で著した本なのかを判断できる。書店に行ったら、積極的に立ち読みし、仕分けのトレーニングを心掛けよう。立ち読み経験を深めることで、自分に必要な本が選別できるようになる。

ちなみに目次を丹念に読むことは、1冊の本の中で、どこを重点的に読むかを決める上でも有効である。「2・8の法則」がそのままあてはまるわけではないが、精読する必要がある箇所は20%くらい。後は読みとばしてもさほど影響はない。さっと目を動かして読み、必要性を感じない箇所は大胆に読み飛ばそう。具体的には次の4つをポイントに、読む部分を選択する。

・目次を見て、重要箇所をマークする
・大事だと感じた部分だけ精読する
・自分なりのキーワードを設定して読む
・何のために読むかを再確認する

●精読する本と読み飛ばす本を仕分けする

・何のために読むのかを確認する
・目次をじっくり読む
・まえがき、あとがきを読む
・帯に書いてあるPRポイントを読む
・ネットでレビューを確認する
・書店でスタッフに内容を問い合わせる
・周囲に読んだことがある人がいないか確認する

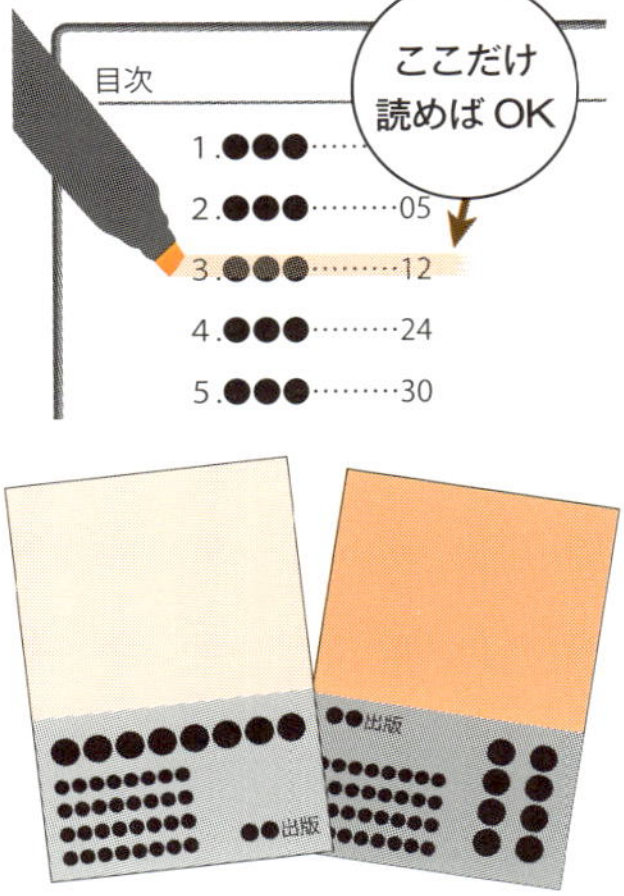

ここが
ポイント!

## 速読の王道＝一度に読む範囲を広げる

速読するためには、読むべき本を仕分けするだけでなく、速く読むスキルを身につけることも重要だ。ポイントは、一文字一文字読むのではなく、一度に読む範囲を広げること。また、写真や図表には文章以上に内容を的確にとらえているものがある。図版などから内容を理解する方法も有効だ。

### 1 言葉、文節、行、段落で読む

読むスピードをあげるためには、言葉、文節レベルから、行や段落単位で読めるように視野を拡大することが大切だ。

### 2 横書き（縦書き）はタテ（ヨコ）に読む

横書きの本であれば、視線を横に移動させて読むのが一般的だが、あえてタテに動かす（実際には同時に動かす）ように読んでみよう。1行あたりの文字数が少ないページなら、少し努力をすれば容易に読めるようになる。なお、自由に眼球を動かすためには、一定のトレーニングがいる。三角のポイントがタテ、ヨコに並んだシート（サッケイドシート）を使って、視点をすばやくジグザグに動かすトレーニングをしよう。

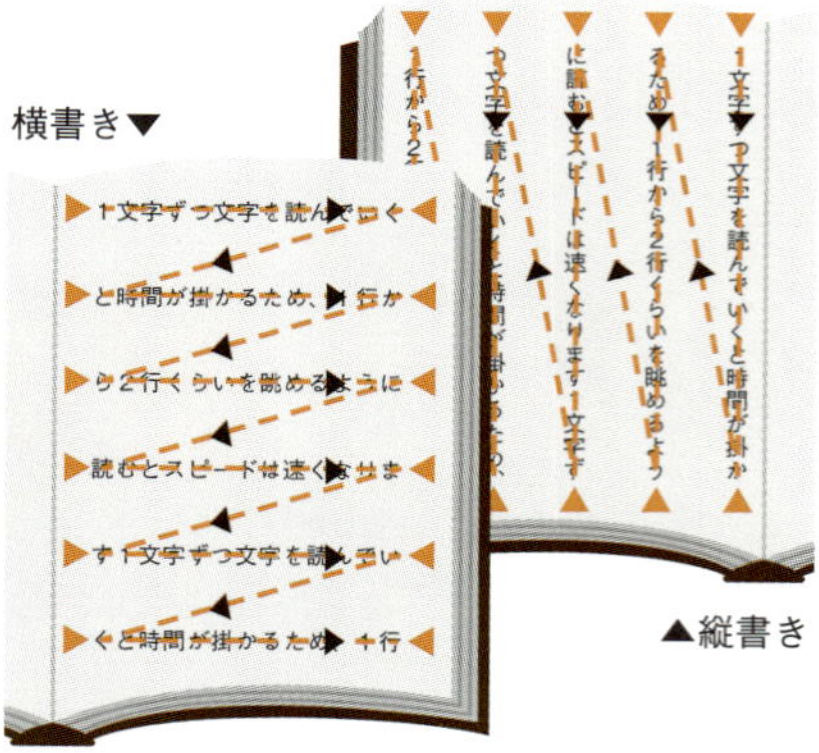

スキルアップのコツ

# グループリーディングを活用する

読書というと一人で行うものと捉えがちだが、読書会をはじめグループで読書する機会（グループリーディング）も少なくない。グループリーディングの特徴は、相手がいるため必ず期日まで読まなければならず、読書習慣がつきやすいこと。また、読んだ感想などを発表するため、より深く内容を理解しようと努力することもメリットである。さらに、互いの感想を述べ合うことで、自分とは異なる視点から読んでいる人を発見したり、自分ではとても購入しない本を取り上げている人に出会うなど、知的な刺激を多数体験できるというメリットも重要だろう。

読書の目的は、各分野の先人たちの知識や感性、洞察を受け止め、自己形成に役立てることだが、グループリーディングは、さらに今を生きる人の知性や感性を受け止める場としても機能する。社内外のグループリーディングの場に参加したり、自ら主催することで、読むことの素晴らしさを体感し、読む力を伸ばすきっかけにしてほしい。

# ③ 著者の意図を見抜く方法

## 読解力＝著者の意図を的確に読み取る力

読書する習慣が身につき、速読するスキルを修得できたとしても、それだけで読解力が増すわけではない。読解力の向上には、著者の意図を的確に読みとるスキルが必要だ。また、本文中に潜むキーワードを見抜き、自分の中に取り込んでいく作業も必要である。

著者の意図については、速読と同様、目次やまえがき、あとがきをチェックする。たかが目次だ、まえがきだと流し読みをせず、本の主題や誌面構成に込められた著者の意図を受け止めたい。また、本文中の重要箇所（キーワード）の前後には、関連する事例や根拠を示す文章が続くケースが多い。「例えば」とか「なぜならば」という言葉が出てきたら、その前後を精読してみよう。「何が、なぜ、どのように」（What-Why-How）を関連づけることで、内容をより明確に把握することができる。

## 論理には著者特有のクセがある

文章を書くには、一定のルールにのっとる必要がある。「書く力」については後述するが、読む上で重要なのは、筆者の結論を述べる時のクセを見抜くこと。具体的には、最初に結論を述べて論理を展開するタイプか、起承転結を順番に述べた上で最後に結論を述べるタイプかを判断していくことが望まれる。

## 無理な理解より、百聞は一見に如かず

重要事項であるにもかかわらず、理解が難しい文章に出会うことがある。理由は、文章そのものが難解であるケース、あるいは記載されている事柄が専門的過ぎて、実際にどのようなことなのかイメージできないケースなどがある。

もちろん、難解な文章でも前後の文章から推測することは可能である。しかし、どうしてもわからない場合は、わかる人に尋ねてみることが重要だ。「聞くは一時の恥、聞かぬは一生の恥」というが、わからないままにしておくよりも、一時の恥なら、どんどんかいたほうがいい。また、文章は容易だが、事柄が特殊すぎてイメージできない場合は、実際に現場を訪ねてみることを勧めたい。「百聞は一見に如かず」である。

### ●文意を理解するためのポイント

- 目次を精読して全体の流れを把握する
- はじめに、あとがきで著者の意図を知る
- カバーを読んで、何を意図した本かを理解する
- 「例えば」「なぜならば」に注目して読む
- 数字で出てきたら「何」を説明しているかを確認する
- 難解な言葉、イメージできない言葉は他者に聞く・現場を訪ねる
- 文章構成のクセを見抜く
  - ・起承転結で論理が構成されているか
  - ・要点戦術法（結論が先）で構成されているか

結論から読むと短時間で内容が理解できる

# ④ 本は飾り物ではない

## 本は活用してこそ価値が生まれる

本が高価であった時代においては、本は大切にするもの。折ったり、書き込んだりするのはもってのほかだという考え方が主流だった。もちろん今も、本は貴重なものである。しかし、本が貴重なのは人生やビジネスに役立つからで、内容の理解を助け、本を有効に活用するためには、自分流に本を〝汚す〟覚悟を持つことが必要だ。具体的には、重要だと思ったところにはアンダーラインを引き、繰り返して読んでおくべきページは折り目をつける。また、本に直接、意見や感想を書き込むことも大切で、書き込みの多さ＝理解度の深さに比例することだと認識したい。

## アンダーラインは複数用意する

アンダーラインは、読み進めながら大事だと思う箇所に引いていくものである。また、重要な言葉（単語）にはマーカーを塗ることもある。ただし、重要な箇所だといっても、本当に重要な部分と、重要ではあるが頭に留めておけばいい程度の重要さしか持たないものとがある。どうせアンダーラインを引くのであれば、重要度にランクをつけ、後で読み返した時に、その違いがわかるようにしておくことが大切だ。

一般に、最も重要だと思われる箇所については「赤」のボールペンでアンダーラインを引く。また、「赤」ほど重要ではないが補足知識として押さえておきたい部分は「青」、参考にしたい事項、また、後で関連した項目を調べてみたいといった関心事項については「緑」のボールペンで引くとよい。マーカーを塗る際も同様である。

なお、アンダーラインを引く時に注意したいのは、やみくもに引きすぎないこと。後で読み返した時、何が重要なのかわからなくなるからだ。そんな時は、重要な事項から引き出し線を引き、「重要」や「◎」といったコメントを一緒に記載しておくといい。

## 重要ページは拡大コピーをとる

特に重要なページ、仕事に活用できるページは、コピーをしてファイルに保管しておくとよい。拡大サイズでコピーし、余白に考えたことや感じたことを書き込もう。

●アンダーラインのポイント

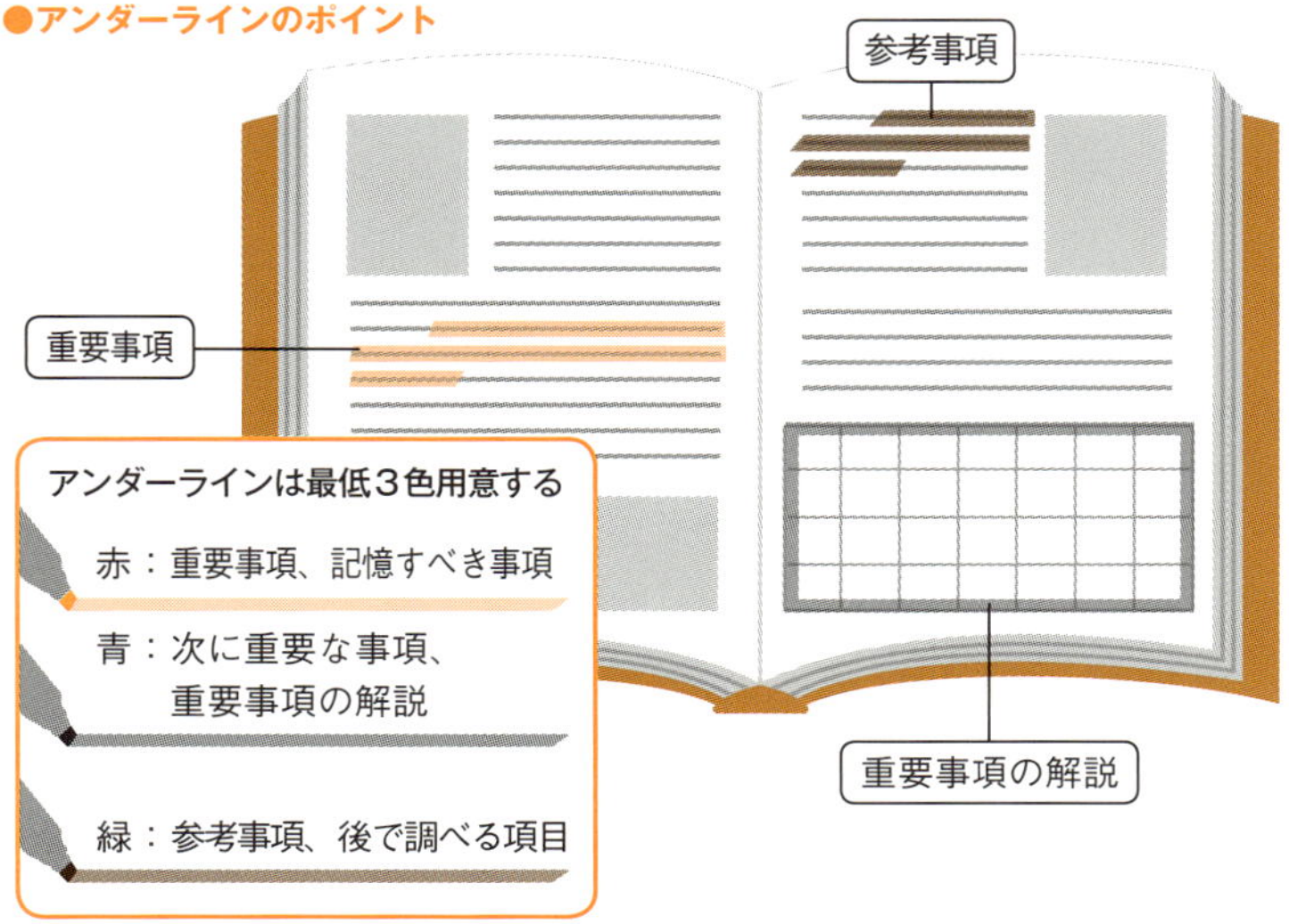
参考事項
重要事項
アンダーラインは最低3色用意する
赤：重要事項、記憶すべき事項
青：次に重要な事項、
重要事項の解説
緑：参考事項、後で調べる項目
重要事項の解説

# 5 読んだ内容を記憶する、活用する

## 読みっぱなしでは知識は血肉化しない

読書体験を積み重ねることで、着実に読解力は向上する。しかし、読みっぱなしで終わらせてしまっては、せっかく読んだ内容が風化してしまう。読書体験を血肉化するためには、読んだ内容を自分のものとして長期に蓄える（記憶する）とともに、ビジネスをはじめとしたさまざまな場面で活用することが望まれる。例えば、前述したアンダーラインを引く作業も、内容を理解する力を向上させる手段であると同時に、内容を可能な限り、長く記憶に留めておく手段でもある。左下の方法を参考に、読んだ内容を記憶し、活用するスキルを身につけよう。

## 要約し、自分の経験と重ね合わせる

読書をすることで、考える力が向上するといわれる。しかしこれも、ただ読むだけでは難しい。考える力を向上させるには、実際に考えるステップを読書の中に採り入れることが重要だ。具体的には、読書ノートを作成して本の内容を要約（２００～３００字）し、かつ「学んだこと」「会話で引用できるフレーズ」などを書き込んでおく。また、過去の経験を振り返り、今度同じような体験をしたら新しく得た知識をどのように活用するかを文章でまとめておくと、知識は着実に血肉化される。読書ノートが難しければ、手帳やパソコンの中に読書目録を作るだけでもよい。

## 複眼思考がビジネス脳を活性化する

説得力のある文章で論理を展開されると、本に記載されたことが唯一の真実であるかのように受け止めてしまいがちだ。本の内容に共感することはいいことだが、無批判に受け入れるだけではビジネス脳は鍛えられない。

例えば、経済政策やエネルギー政策の本であれば、著者の立場によって主張が正反対になることもある。共感したという事実は踏まえながらも、他の主張が掲載されている本も読み、複眼的な思考で物事を見る目を養いたい。

なお、時事問題であれば、新聞の社説を読み比べてみたり、読者からの投稿欄を比較検証してるのが効果的だ。新聞はどれも同じと思っている人が少なくないが、論調は各紙によって大きく異なる。

### ●内容を記憶・活用するポイント

**本への書き込みによる記憶・活用法**

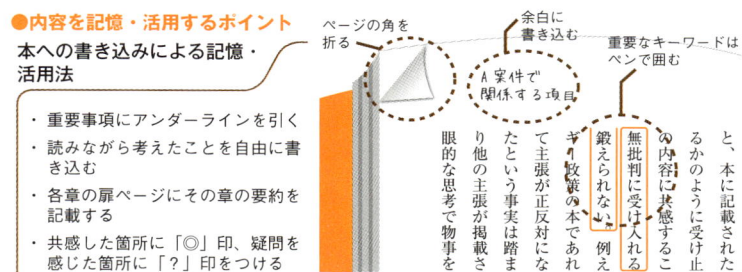

- 重要事項にアンダーラインを引く
- 読みながら考えたことを自由に書き込む
- 各章の扉ページにその章の要約を記載する
- 共感した箇所に「◎」印、疑問を感じた箇所に「？」印をつける

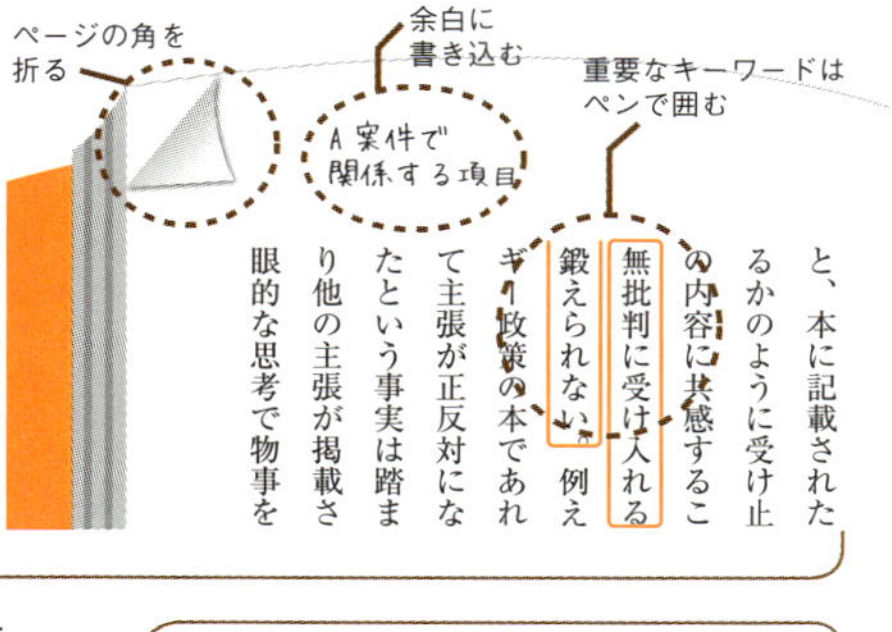


**読書ノートなどによる記憶・活用法**

- 本のタイトル、主な目次、要約（200 ～ 300 字）を記載する
- 共感したこと、疑問に感じたことを記載する
- 会話で引用したい、人に伝えたいフレーズを記載する
- 読んだ本と主張が対極にある本のリストを記載する
- （手帳やパソコンを活用して）読書目録（タイトル、著者、読み始め～読み終わり日、本の主題／自分なりの言葉で『○○○○の本』とタイトルをつける）を作る

## ここがポイント! オリジナルしおりを作ろう

本を読む時に便利な道具といえば、“しおり”。通常は、次に読む時の「目印」として活用するが、オリジナルしおり（無地で自由に書き込めるもの）を作成することで、さまざまな使い方ができる。本に書き込みをしたいが本を汚すのは嫌だ、という人にもオススメの方法だ。

### 1 重要事項、キーワードを記載

読んでいて重要だと感じた部分やキーワードを発見したら、しおりに記載して該当ページにはさみ込む。「書く」という作業を通すことで、より記憶が鮮明になるとともに、ページにはさみ込むことで、後日、前後関係を含めて読み返すことが容易になる。

### 2 自分の意見やアイデア、疑問点を記載

本を読み進めていく際に、浮かんだ意見やアイデアをしおりに記載し、はさみ込んでおくと、読書ノートを作るのと同じような効果が得られる。また、同じようなテーマの本からしおりを集めることで、個々の意見やアイデアが体系化されて1つの企画としてまとまることがあるので便利だ。疑問を感じた部分にもしおりをはさみ込み、後で事実関係を調べる時の目印にしたい。

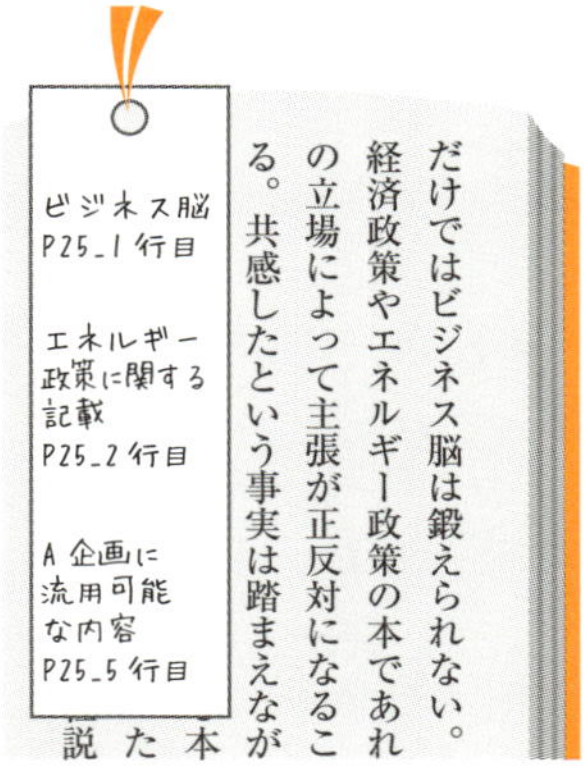

TIPS

## スキルアップのコツ

# 目次を徹底して活用しよう

読んだ本の内容を記憶し、活用していくためには、本への書き込みや読書ノートを作成することが望ましい。しかし、ページ数が多い本だと、どこに何を書き込んだかわからなくなるし、読書ノートを作成するのは億劫で長続きしないという人もいる。そんな時に効果的な方法が目次を徹底活用する方法。目次をあらかじめコピーしておき、そこに意見やアイデア、疑問点などを書き込んでいくとよい。

目次は、各章のタイトルや見出しを一覧化したページである。タイトルや見出しは、章や項の内容をひと言で要約したもので、それを読めば、どんな内容が記載されているかがわかる。したがって、余白を利用して、各章・各項のポイントを簡単に書き込めば、読書ノートに要約文を書くのと同じ効果が得られる。加えて、共感や疑問、意見やアイデアを書き加えれば、読書ノートそのものができあがるといっていい。

なお、書き込みスペースを多くとるために、文字の倍率はそのままで、一回り大きな用紙にコピーしよう。また、コピーの版型は統一し、ファイリングしやすくすることで、まさにオリジナルの読書ノートが完成する。

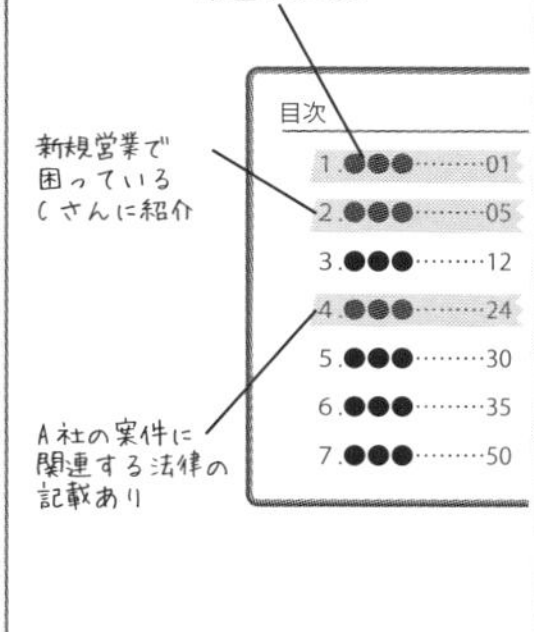

# ⑥ 5W1Hをアウトプットすれば文章は書ける

## 文章はけっして難しくない

文章を書くことに対して、苦手意識を持っている人が少なくない。しかし、文章はけっして難しいものではない。書くべきこと、相手に伝えるべきことを理解してさえいれば、誰もが容易に書くことができる。また、報告書なら報告書に掲載すべき事柄やまとめ方についての決まり事があり、それをマスターすれば文章は書ける。文章力を高める最大のコツは、自分の中に潜んでいる文章に対する苦手意識を払拭すること。その上で、文章の基盤である情報を的確に集め、整理する力を高めていくことである（第3章の『情報収集力・整理力』を参照）。

---

## 5W1Hがすべの基本

新聞記事のような文章も、情報伝達の基本である5W1Hを整理し、的確にアウトプットできれば容易に書くことができる。次の例文を見てみよう。

2013年4月5～6日、○○市の市民会館で、○○市観光協会が、販売促進セミナーを開催した。目的は、地元の観光関係者が販売促進の基本スキルを習得し、○○市の観光PRに役立てることである。当日は、長年△△百貨店で販売促進を担当してきた□□さんによる基調講演が行われたほか、チラシの作成やホームページの作り方を学ぶための分科会が開催された。

この記事を５Ｗ１Ｈに分解すると、Ｗｈｅｎが「２０１３年４月５〜６日」、Ｗｈｅｒｅが「○○市の市民会館で」、Ｗｈｏが「○○市観光協会が」、Ｗｈａｔが「販売促進セミナーを開催した」に該当する。そして、「目的は、地元の観光関係者が販売促進の基本スキルを習得し、○○市の観光ＰＲに役立てることである」がＷｈｙ、「当日は、長年△△百貨店で〜スキルを学ぶための分科会が開催された」がＨｏｗにあたることになる。

まさに例文は、５Ｗ１Ｈだけで構成されている記事であり、しかも、５Ｗ１Ｈを順番につないでいるにすぎない。これを見ても、文章は容易に作成できるといえるだろう。

**●文章（記事）を構成する要素**

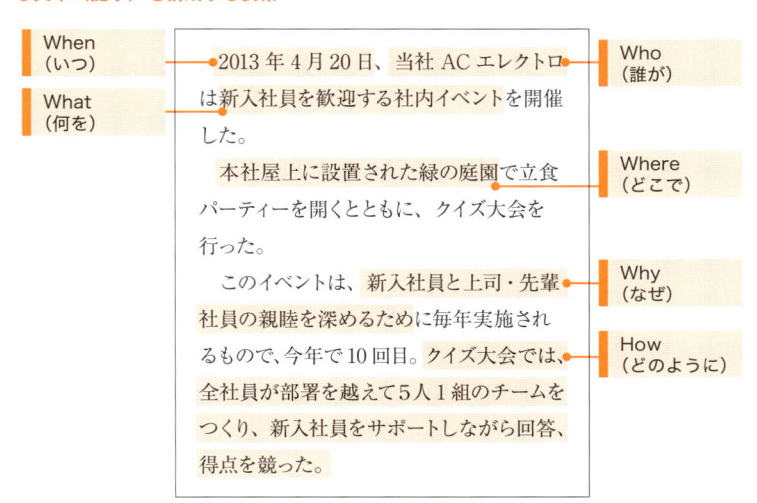

When（いつ）: 2013年4月20日、

Who（誰が）: 当社ACエレクトロ

What（何を）: 新入社員を歓迎する社内イベント

Where（どこで）: 本社屋上に設置された緑の庭園

Why（なぜ）: 新入社員と上司・先輩社員の親睦を深めるため

How（どのように）: クイズ大会では、全社員が部署を越えて5人1組のチームをつくり、新入社員をサポートしながら回答、得点を競った。

2013年4月20日、当社ACエレクトロは新入社員を歓迎する社内イベントを開催した。

本社屋上に設置された緑の庭園で立食パーティーを開くとともに、クイズ大会を行った。

このイベントは、新入社員と上司・先輩社員の親睦を深めるために毎年実施されるもので、今年で10回目。クイズ大会では、全社員が部署を越えて5人1組のチームをつくり、新入社員をサポートしながら回答、得点を競った。

# ここがポイント！ Ｗｈｙ、Ｈｏｗにこだわり訴求力を高める

前述の例文をもう一度見てみよう。When ～ What の４要素で１センテンスを構成しているのに対し、Why・How はそれぞれ１センテンスでできている。文章の訴求力を高めるためには Why と How を重視することが大切で、ネタの収集時もこの２つに関連する情報を意識しよう。

## 1 常に自分の中に問題意識を持つ

Ｗｈｅｎ、Ｗｈｅｒｅ、Ｗｈｏ、Ｗｈａｔは、事実そのものを示す要素だが、ＷｈｙとＨｏｗは、日頃から「なぜだろう」、「どうすればいいだろう」といった問題意識がなければ情報を収集できない。訴求力の高い文章を書くためには、日々の問題意識を研ぎ澄ますことが重要だ。

## 2 他者に対する質問力を向上する

顧客や同僚、関係者から情報を引き出して文章を書くケースがある。その場合、質問することに慣れていないと、Ｗｈｅｎ、Ｗｈｅｒｅ、Ｗｈｏ、Ｗｈａｔの事実関係だけを確認して質問を止めてしまうことが少なくない。他者に質問・取材をする場合は、「なぜ」「どのように」という2つの質問を繰り返し投げかけ、文章を書くに足るだけの情報量を集めなければならない。

TIPS

## スキルアップのコツ

# 文章力向上のために「５Ｗ１Ｈ」ノートを作る

５Ｗ１Ｈで構成すれば文章が書けるといっても、５Ｗ１Ｈに関連する情報を完全に入手することは難しい。右ページに記したＷｈｙとＨｏｗを聞き逃すだけでなく、Ｗｈｅｎ、Ｗｈｅｒｅ、Ｗｈｏ、Ｗｈａｔの事実関係についてもインプットを怠ってしまうことがある。そんな情報収集・整理に不慣れな人に効果的なのが、「５Ｗ１Ｈ」ノートを作成すること。「５Ｗ１Ｈ」ノートとは、書くべき情報を事前に５Ｗ１Ｈに分類・整理しておくもので、見開き単位で作成する。「５Ｗ１Ｈ」ノートを使い続けていくと、ノートがなくても、自然に物事を５Ｗ１Ｈで整理する習慣が身につき、情報収集のモレを防ぐことができる。また、関係者に話を聞く時にも、事前に入手している情報を「５Ｗ１Ｈ」ノートに書き込んでおけば、実際に話をする時に何を聞き出せばよいかが簡単にわかるので便利だ。

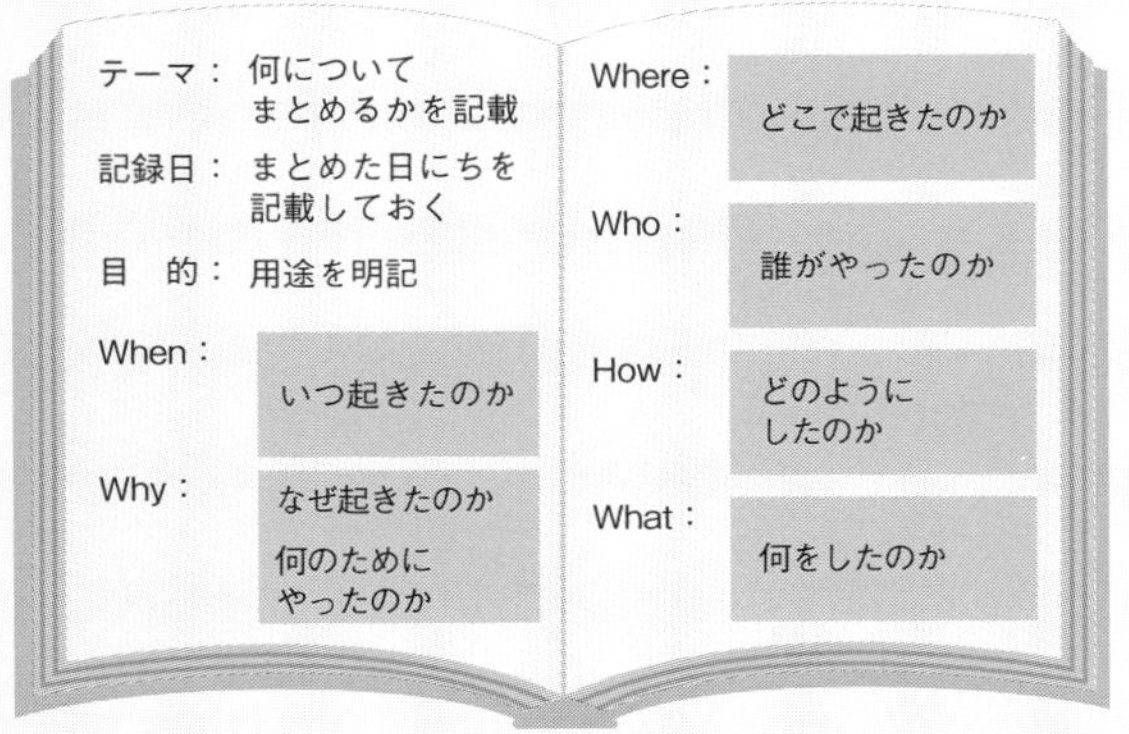

| テーマ： | 何についてまとめるかを記載 |
| 記録日： | まとめた日にちを記載しておく |
| 目的： | 用途を明記 |
| When： | いつ起きたのか |
| Why： | なぜ起きたのか/何のためにやったのか |
| Where： | どこで起きたのか |
| Who： | 誰がやったのか |
| How： | どのようにしたのか |
| What： | 何をしたのか |

# ⑦ わかりやすく、相手に伝わる文章を書こう

## わかりにくさの原因は主語と述語のねじれ

文章は、一つ一つの文（センテンス）で構成される。文は文章よりも短いため、苦手意識を持つ人は少ないが、実は、文を書く基本が身についていない人が多く、それがわかりにくい文章を作り上げる原因になっている。例えば、次の文章を読み、一文一文をわかりやすい文に書き換えてみよう。

今回の研修で大切なのは、販促活動は、商品の価値を訴求するためにも活性化させるべきだろう。同時に、販促スキルを習得することは、消費者が商品に関心を持つことができる。

---

例文がわかりにくいのは、文を構成する主語と述語がねじれているからだ。最初の文であれば、「今回の研修で大切なのは」ときたら「～することである」で受けなければならない。ところが、「べきだろう」という言葉で受けているために、意味がつながらなくなっている。また2つめの文では、「販売スキルを習得することは」に対し、「消費者に関心を持たせることにつながる」といった形で受ける必要がある。

話し言葉なら、思いついたまま言葉にしても、なんとなく意味が通じる。しかし、書き言葉は、あくまでも文として表現されてはじめて意味が通じるものである。文章力を上げ

るためには一文一文を丁寧に推敲すること。とくに、主語と述語の関係が、スムーズに対応しているかを確認することが重要だ。

### ✓ 一文に含まれる主語＋述語は2回まで

1つの文に、いくつも主語＋述語が入り込んだ文もわかりにくい。日本語には、接続助詞と呼ばれる言葉があり、「主語＋述語」の関係を続けようと思えば、限りなく続けることができる（重文）。例えば、「私は赤がすきだが、彼は青がすきだが、彼女は黄色がすきだが…」といった具合である。

また、全体の主語と述語の間に「主語＋述語」を入れ込んだ文（複文）を作ることも可能で、これまた永遠に長くすることができる。

わかりやすくするためには文を短くすること。1つの文中に含まれる「主語＋述語」の関係を2つまでに絞るべきだ。例えば、次の文章は典型的な悪文だが、原因は一文が長すぎること。いくつかの文に分ける必要がある。

私は、A君が土曜日の夜にBさんに用事があってわざわざ出向いたのに、Bさんが不在だったために代わりにCさんの家に行ったという話を、一昨日、Cさんから聞かされたD君から聞き、たまたま昨日Bさんと会う機会があったので、A君の代わりに伝えてあげた。

土曜日の夜、A君はBさんに用事があってわざわざ出向いたが、Bさんが不在のために代わりにCさんの家に行った。一昨日、私は、その話をCさんから聞かされたD君から聞いた。そして、昨日たまたまBさんと会う機会があったので、A君の代わりに伝えてあげた。

ここがポイント!

# わかりやすい文を書くポイント

主語と述語の関係だけが、わかりにくい文をつくる原因ではない。修飾語や句読点の使い方ひとつで、誤解を与えやすい文になることもあるので注意が必要だ。下記の例文は、いずれも意味が誤解されやすい。その理由を考えながら、わかりやすい文に修正してみよう。

**例文1** 美しき水車小屋のおとめ

**例文2** 刑事は血まみれになりながら逃げていく犯人を追いかけた

**例文3** 私は昨日アメリカから帰った友人に会った

**例文4** A君より、明日の集会には参加できないという連絡があった

## 1 飾る言葉と飾られる言葉は1セット

例文1は、修飾語である「美しき」という言葉をどこに置くかを考える例文である。「美しき水車小屋のおとめ」という言葉自体が、一般的に流布しているため、おかしさを感じる人は少ないが、単純に読めば、美しいのは水車小屋である。「美しき」を「おとめ」を修飾する言葉として使いたいのであれば、「水車小屋の美しきおとめ」に修正する必要がある。

## 2 たかが「、」、されど「、」

句読点の打ち方は意外に難しい。例文のように「、」を打つべき所に打たないと意味が誤解されて伝わる可能性がある。例文2でいえば、「刑事は」の後に「、」を打つと、刑事は血まみれになっているかいないか定かではないが、

犯人は血まみれになっていることが明確になる。また、「血まみれになりながら」の後に「、」を打つと、血まみれになっているのは刑事のほうになる。

　例文3は、「私は」の後に「、」を打つと、友人が「昨日」アメリカから帰ったことになるが、「昨日」の後に「、」を打つと、友人に合ったのが「昨日」であり、その友人がいつ帰国したかは明らかではない。

## 3 助詞は曲者。「から」と「より」を区別できない人が増えている

「より」は、何かと何かを比較する助詞であり、例文4の場合でいえば、起点を示す「から」という助詞を使うことが正しい。最近では、両者を混同して使用する人も少なくないが、正しい言葉を使うことは、わかりやすい文を書く上での基本である。

**【その他の注意事項】**

　1つの文章で算用数字と漢数字を混ぜて使用したり、数の単位のつけ方をあいまいにするとわかりにくい文になる。専門用語は、一般的な理解度が低いものは極力使わない。当然、誤字・脱字や誤った言葉の使い方にも注意しよう。

# 8 文章を書くスタイルを確立しよう

## 目的に応じて文章のスタイルは決まる

文章というと、多くの人が「起承転結」で書くことを考える。つまり、最初に、現状を説明したり、問題を提起する文章を書き（起）、次に、それを受けた主張や意見を展開する（承）。その上で、別の角度から主張を加え（転）、最後に結論を述べる（結）文章が基本だと教えられてきた。

しかし、ビジネス文書では、報告書に代表されるように、最初から結論を記載することを求められるケースが少なくない。また、文章スタイルは、目的によって変更するものであり、誰に何を伝えるかによって、ふさわしい記述スタイルがあることを理解したい。

## 「起承転結」より「起結承転」

最近は、「起承転結」の「結」を「起」の直後に持ってくる「起結承転」というスタイルが主流になりつつある。つまり、問題提起をしたら（起）、すぐに問題の解決策を提案し（結）、その後で、解決策の理由（承）や、解決策を導入することで派生する課題についての対応策（転）を述べるというスタイルである。

ビジネスの世界では、正しい状況認識と的確な問題解決が求められる。「起結承転」の文章スタイルは、ビジネス特有の論理展開に沿った形であり、早期に身につけておきたいものだ。

## 「要点先述法」をビジネスに活用する

文章スタイルの1つに、「要点先述法」と呼ばれるものがある。これは、**重要なこと（要点）を先に記述するスタイルで、新聞の世界で活用されてきた。**新聞では、トップ記事として書いた記事が、別の大事件が起きた途端、サブの記事に格下げされることが少なくない。起承転結で記事を書いてしまうと、全面的に書き換えなければならないが、要点戦術法なら、後半部分をカットするだけでいい。「要点戦術法」は、スピードが問われる業界特有の文章スタイルとして浸透・定着してきたのである。

最近は、ビジネスの世界でもより迅速な対応が求められるようになっている。そのため「要点戦術法」をビジネス文書の基本スタイルに据えるケースも少なくない。報告書はその典型であり、まずは「結論」を記述し、次に「理由」、その上で「背景」や「補足提起案」を行うスタイルである。

### ●主な文章スタイル

**「起承転結」**

- □起：現状・問題意識
- □承：主張・意見の提示
- □転：反対意見・別の角度からの検討
- □結：反論・説得

**「起結承転」**

- □起：現状・問題意識
- □結：問題解決策の提案
- □承：提案の理由
- □転：派生する問題への対応策

**「要点先述法」の基本**

- □最初に要点（問題点や提案事項）
- □次に原因や理由を明記
- □最後に背景、補足提案

**「三段論法」の基本（例）**

- □大前提：すべての人間は生きる権利がある
- □小前提：彼は人間である
- □結論：彼には生きる権利がある

## ここがポイント！ 「伝える」と「伝わる」は違う

書く力を向上させるには、相手に「伝わる」文章を書くことが基本だ。日本人は言葉や説明をはしょる傾向があり、さらに、「こそあど言葉」のような指示語、「思う」といったあいまいな語尾を使いたがる。しかし、価値観が多様化する現在では、相手が正しく理解できる文章が何より求められている。

### 1 理由や根拠、具体的なイメージを伝えよう

前述したように、５Ｗ１Ｈの中でも、ＷｈｙとＨｏｗにウエイトを置くことが訴求力を高めるコツである。特に、価値観や世代の違いがある場合は、目的や理由を明示しなければ納得してもらえないし、具体的な事例を挙げて説明しなければ、理解そのものが不能になることを理解しよう。

### 2 言いたいこと、伝えたいことは１つに絞る

１つの文書に、あれもこれも詰め込んで書いてしまうと、主題があいまいになり、伝わりにくい文書になる。言いたいことを絞り、一番伝えたいことをはっきりさせることを重視すべきである。

### 3 あいまい表現は避ける。主観と事実を区分する

「これ・それ・あれ・どれ」といった指示語は、何を指しているか明らかでない限り使用しないほうがよい。特に、１つの文中に複数の「こそあど言葉」が入るのは混乱のもとだ。また、「〜思う」は主観を示す言葉であり、事実を述べる時、あるいは明確な主張を述べる時には排除する。

TIPS

## スキルアップのコツ

# プロットを書く習慣が文章力を向上させる

短い文章は書けるが、長い文章を書くのは苦手だという人がいる。しかし、長い文章も短い文章の寄せ集めである。いきなり長い文章を書こうとせず、事前にプロット（筋書・構想）を考え、どのような段落構成にするのか、また、各段落に何を書くかを明確にすることで、文書力を向上させたい。

なお、プロットを書く際には、各段落の見出しになるような言葉を書き出そう。見出しは、最も伝えたい事柄を表したものであり、段落ごとの見出しをつなぐことで全体の文章構成ができあがる。また、書く内容だけでなく、文章と一緒に掲載する図表やグラフ、イラスト・写真などのビジュアル素材もイメージしておくと、より効果的な情報発信が可能になる。

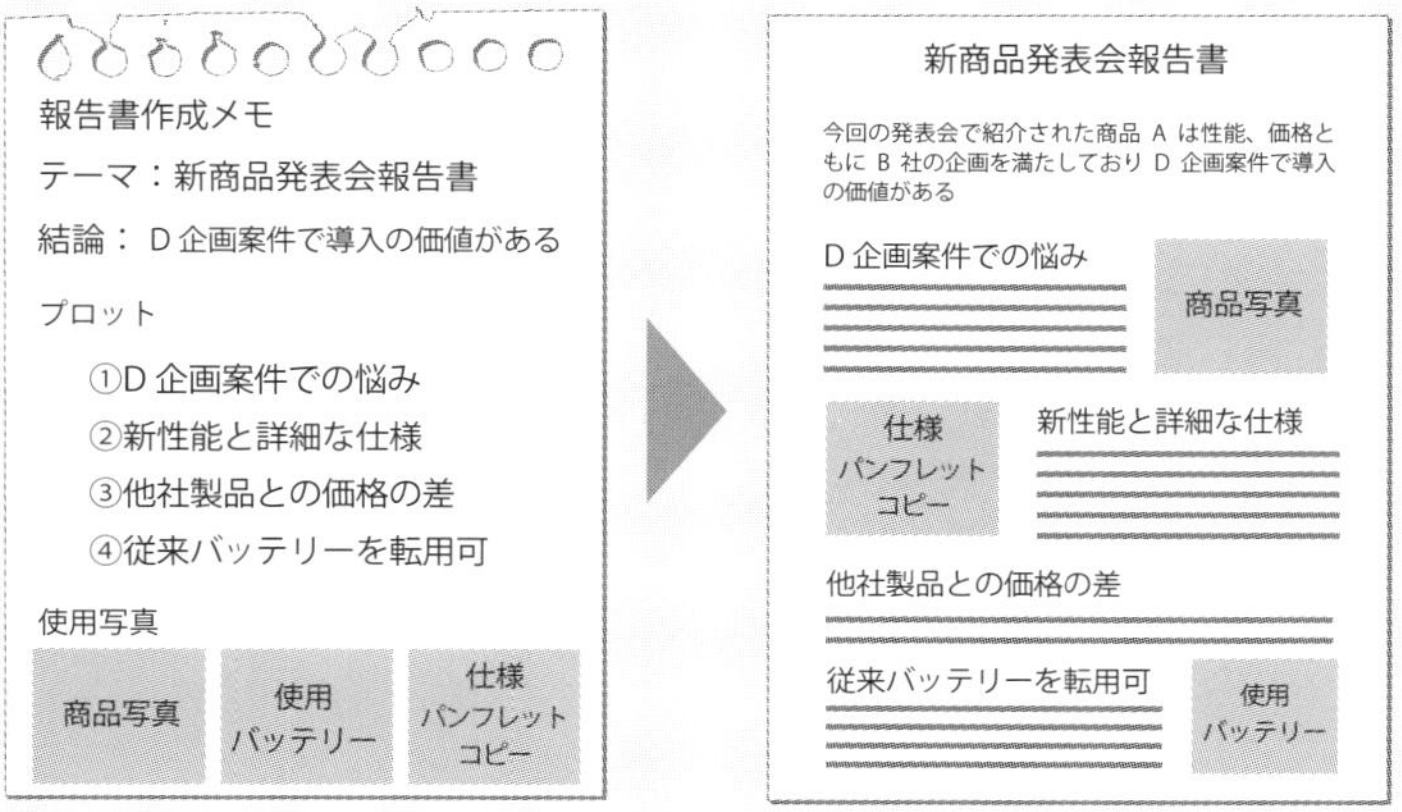

# 9 ビジネス文書の基本を身につけよう

### 報告書とレポートの基本要件を知る

ビジネスの中で最も身近な文書といえば、報告書とレポートである。一般に、報告書は上司に対して業務結果や状況を報告するもの。レポートは報告に加えて何らかの上申や提案を含むものとして位置づけられる。報告書はコンパクトな箇条書きで、レポートは論文形式で書くという書式上の違いはあるが、まずは結論を書いた上でその理由を記述することには変わりはない。また、補足情報として、結論に至ったプロセスを記入し、最後は所感で終わらせるという点も共通である。

ビジネスパーソンとして書く力を向上させようと思うなら、ビジネス文書の基本ともいうべき報告書やレポートを適切にまとめられるようにすることが重要である。前述した文および文章の書き方の基本を押さえつつ、読み手を意識したわかりやすい報告書・レポートを作成しよう。

### 書体やレイアウトにもこだわろう

わかりやすさは文章だけで成立するわけではない。必要に応じて関連する図やグラフを掲載したり、写真を添付することもわかりやすさを促進する。また、重要な本文の書体を変更して読み手の関心を引きつけるといった工夫も必要だ。簡潔で、わかりやすく、訴求効果のある報告書・レポートを心掛けよう。

## ●報告書の書き方の例

宛先：
誰宛の文書かを明示。社外の場合は、株式会社を略さずつける

作成日：
いつ作成（発信）した文書かを明示する

作成者：
自分の名前を所属名とともに記載。印も忘れない

件名：
何の報告かが明確になるタイトルをつける

本文：
まず結論や報告書の概要を述べ、本文は箇条書きでコンパクトにまとめる

添付資料：
一緒に提出する資料があれば、明記する

以上：
締めの言葉として「以上」を記載する

---

営業部　大山部長

提出日　平成 25 年 8 月 25 日
営業部　加藤　亮二　印

**出張報告書**

リーフフードから開発依頼を受けたレトルト焼き魚（サンマ）の試作品は、味・食感で評価を受けましたが、パッケージは改善の必要性があります。発売日は 10 月 1 日を希望され、他の魚での商品化の可能性もあります。

**出張者**：営業部　加藤亮二　　同行者：営業部　斉藤正志
**出張期間**：平成 25 年 8 月 21 日（月）～平成 25 年 8 月 22 日（火）
**出張先**：株式会社　リーフフード　京都支社
（京都府宇治市○○○ 1-2）
**面談者**：商品開発部　徳田優一部長、竹内雄司主任

**出張目的**：
1．試作品（レトルト焼き魚）の試食
2．商品化に向けた改善点・課題の聞き取り
**出張結果**：
1．試作品（レトルト焼き魚）の味について
前回の試作品に比べ、生臭さがなくなった。焼き魚としての香ばしさがあり、身の柔らかさについては高い評価をいただいた。しかし、温めた際に形が崩れやすいという指摘があり、パッケージの形、素材の改善を求められた。
2．商品化の時期について
10 月 1 日の発売を希望。今回の試作品・サンマを皮切りに、冬のブリやサワラなど旬の魚で順次商品化を検討している。

**所感**：魚の種類によっては味噌漬けタイプなど味のバリエーションを増やす提案が可能。
**添付資料**：盛り付け例の写真、パッケージのデザイン案

以上

ここがポイント!

# 業務月報・議事録を作成するポイント

**業務月報のポイント**

業務月報は、月単位で業務の進捗状況を振り返り、次月の行動につなげていくための文書だ。「テーマ・当月の取組課題」「実施項目」「差異分析」「次月の予定」を明確にし、ＰＤＣＡを回す文書として活用したい。

## 業務月報の例

| 成果表(営業目標) | 作成日 | 2013/00/00 | 氏名 | 能率太郎 |
|---|---|---|---|---|
| 営業目標 | ■ | | | |
| | ■ | | | |
| | ■ | | | |

| 顧客名 | テーマ・取組事項 | Action1(達成度)20% | Action2(達成度)40% | Action3(達成度)60% | Action4(達成度)80% | Action5(達成度)100% | 備考 |
|---|---|---|---|---|---|---|---|
| | | | | | | | |
| | | | | | | | |

**テーマ・当月の取組課題**

□与えられているテーマ・目標の全体像を明記する
□テーマ・目標を達成するための当月の課題を明記
※数値化できない業務であっても、求められる行動を記載
※ナンバリングをして、項目が区別ができるようにする

**実施項目**

□取組課題に対して何を実施したのか、何を実施しなかったのかを明記
□実施できた項目には○印、できなかった項目には×印、実施途上の項目には△印をつけた上で、進捗度合いを%で明記する

**差異分析**

□できた理由、できなかった理由、予定と差異が出た理由を明記する

**次月の予定**

□差異分析に基づき、取り組むべき課題を明記する
□もともと次月に予定していた項目についても明記する
※当月の取り組み状況によって次月の予定を変更する場合は、変更する理由と、いつ実施するのかを明記する（実施を取りやめる場合は、その旨と理由を明記）

## 議事録のポイント

ビジネスには、会議やミーティングがつきものだ。メンバーの認識を共有するためにも、議事録をつける習慣をつけよう。具体的には、次の項目に注意して、メンバーが情報共有できる議事録をめざそう。

### 議事録の例

**販促会議　議事録**

<table>
<tr><td>日　時</td><td colspan="2">2013年7月12日(金)17:00〜18:00</td><td>場　所</td><td>B会議室</td></tr>
<tr><td rowspan="2">出席者</td><td>議　長</td><td>本田営業部長</td><td>書　記</td><td>坂田</td></tr>
<tr><td colspan="4">小川営業課長、高梨、結城、片峰、遠山、菊池、佐々木　(計9名)</td></tr>
<tr><td>欠席者</td><td colspan="4">木村、林</td></tr>
</table>

| | |
|---|---|
| 議　題 | 1. オフィスチェア(C-167)のプロモーション展開案<br>2. オフィス用品EXPO(9月14日〜16日)　ブースコンセプト案 |

| | |
|---|---|
| 決定事項 | 1. オフィス用品EXPOでC-167を大々的に紹介し、座り心地を体感してもらう<br>2. C-167の1週間お試しレンタルコースを企画<br>3. ブースのコンセプト="エコ"<br>4. C-167に加え、他の環境配慮型オフィス用品を展示 |

| | |
|---|---|
| 議　事 | 【C-167プロモーション案について】<br>・C-167の発売日　7月20日決定(本田営業部長)<br>・座り心地、カラーの豊富さ、価格をアピールしたパンフレットの作成(高梨)<br>・EXPOでオフィス空間を再現し、体感展示型に(片峰)<br>・購入前に実際に使って座り心地を試せるレンタル企画(遠山)<br>・レンタル期間は1週間〜10日(片峰) |

| | |
|---|---|
| 備　考 | ・次回会議までにブースレイアウト案を作成　(佐々木) |

| | |
|---|---|
| 次回開催日程 | 7月19日17:00〜　A会議室 |

以　上

**テーマ・当月の取組課題**

- □議題（テーマ）、日時、場所、出席者（欠席者）、議長、書記を記載する
- □決定事項を列挙する（決定事項、担当、締め切りを明記）
- □報告が中心の会議の場合は報告事項を列挙する（報告者も明記）
- □決定事項の補足や検討課題については別記する

# 10 メール文書はこう書く！

## メールは簡潔明瞭に。件名と締めの言葉が重要

ネット社会が進展する中で、メールは、最も身近なコミュニケーションツールになった。中には、ビジネス・コミュニケーションをメール主体ですませている人も少なくない。しかし、メールをビジネス文書として使う場合、基本を押さえておかないと、顧客からの信頼をなくしたり、無用なトラブルを発生させることもあるので注意が必要だ。

メールを作成する際の基本は簡潔でわかりやすいこと。相手のパソコン画面の大きさにも配慮しながら、1つのセンテンスを50字以内にし、こまめに改行することが基本だ。その上で、相手に読んでもらうために印象的なメールにすることが求められる。具体的には、件名の部分をより具体的にすること。新聞・雑誌のタイトルや見出しのようなインパクトがある件名が有効だ。また、急ぎの場合はその旨を、返信が必要な場合も件名に記載しておくことが望ましい。なお、締めの言葉は、自分らしいひと言を添えるようにするといいだろう。

## 曖昧な内容、感情的な表現はNG

メールのやりとりに時間をかけすぎてしまう人がいる。その原因はさまざまだが、メールの内容があいまいで何度もやりとりをしないと結論が出ない文章を作っているケースが

少なくない。**メールを簡潔に終わらせるためには、結論をきちんと出すこと。YES、NOをはっきり明示することが重要だ。**ただしメールは、会話や電話のやりとりと異なり、文字上でのやりとりが中心。感情の行き違いが発生しやすく、一方的に結論を出したり、感情的な言葉を送信してしまうと無用なトラブルを生む原因になるので注意が必要だ。

### ☑ こんなメールでは信頼されない！

自分で書くメールは、果たしてビジネス文書として通用しているのだろうか。自分のメールのクセは意外に気づかないことが多く、知らず知らずのうちに相手の怒りを買っているケースも少なくない。次に挙げるケースと同じような過ちを犯していないか、一度、自分の送信メールをチェックしてみよう。

### ●メールのやりとりに関する注意事項

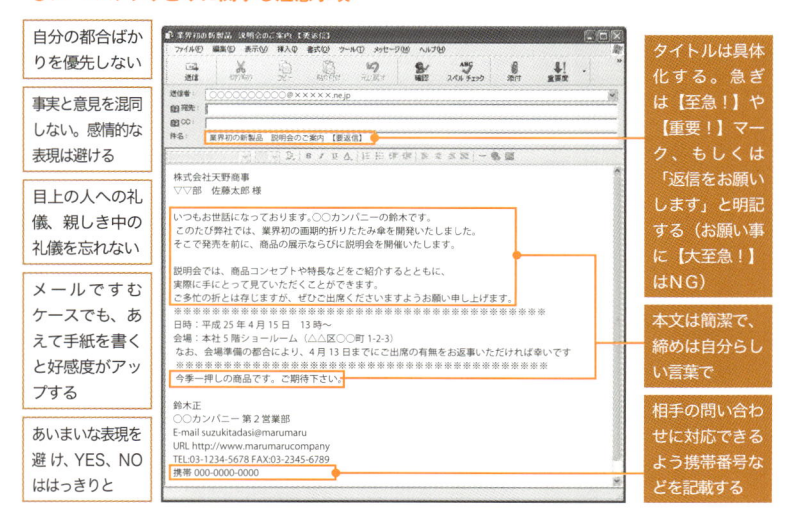

自分の都合ばかりを優先しない

事実と意見を混同しない。感情的な表現は避ける

目上の人への礼儀、親しき中の礼儀を忘れない

メールですむケースでも、あえて手紙を書くと好感度がアップする

あいまいな表現を避け、YES、NOははっきりと

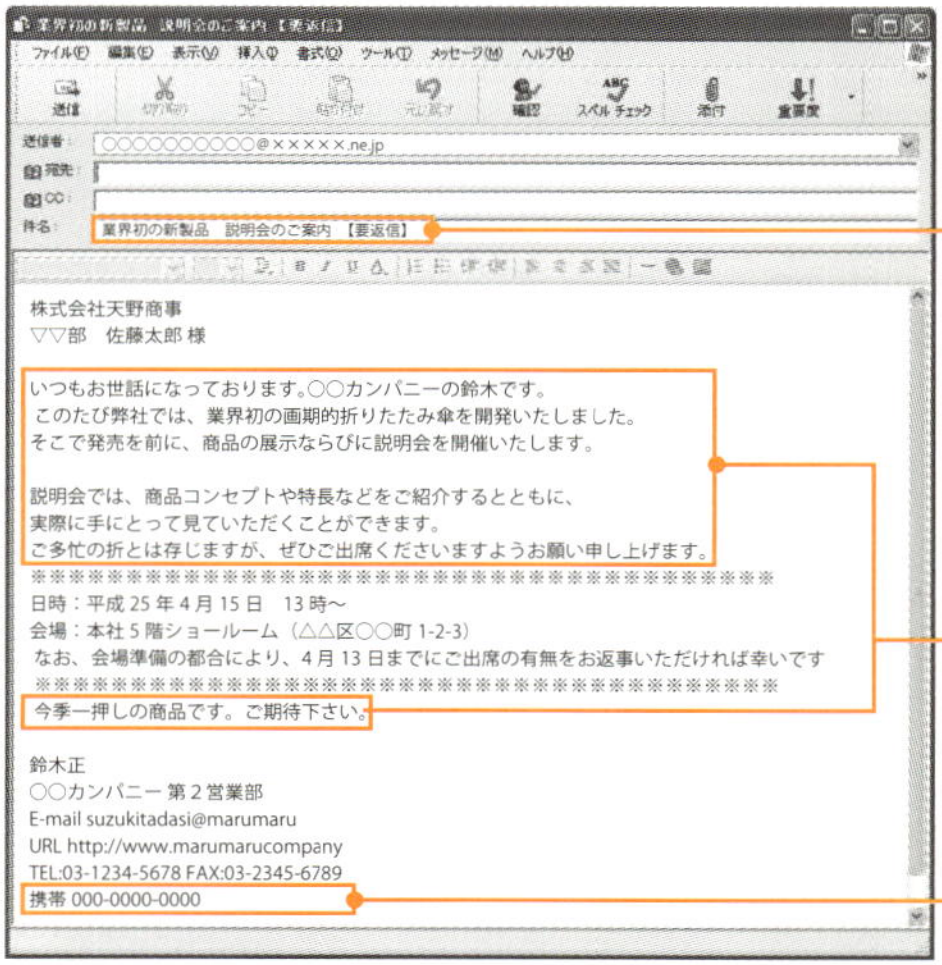


タイトルは具体化する。急ぎは【至急！】や【重要！】マーク、もしくは「返信をお願いします」と明記する（お願い事に【大至急！】はNG）

本文は簡潔で、締めは自分らしい言葉で

相手の問い合わせに対応できるよう携帯番号などを記載する

## 1．相手の都合を考えない身勝手メール

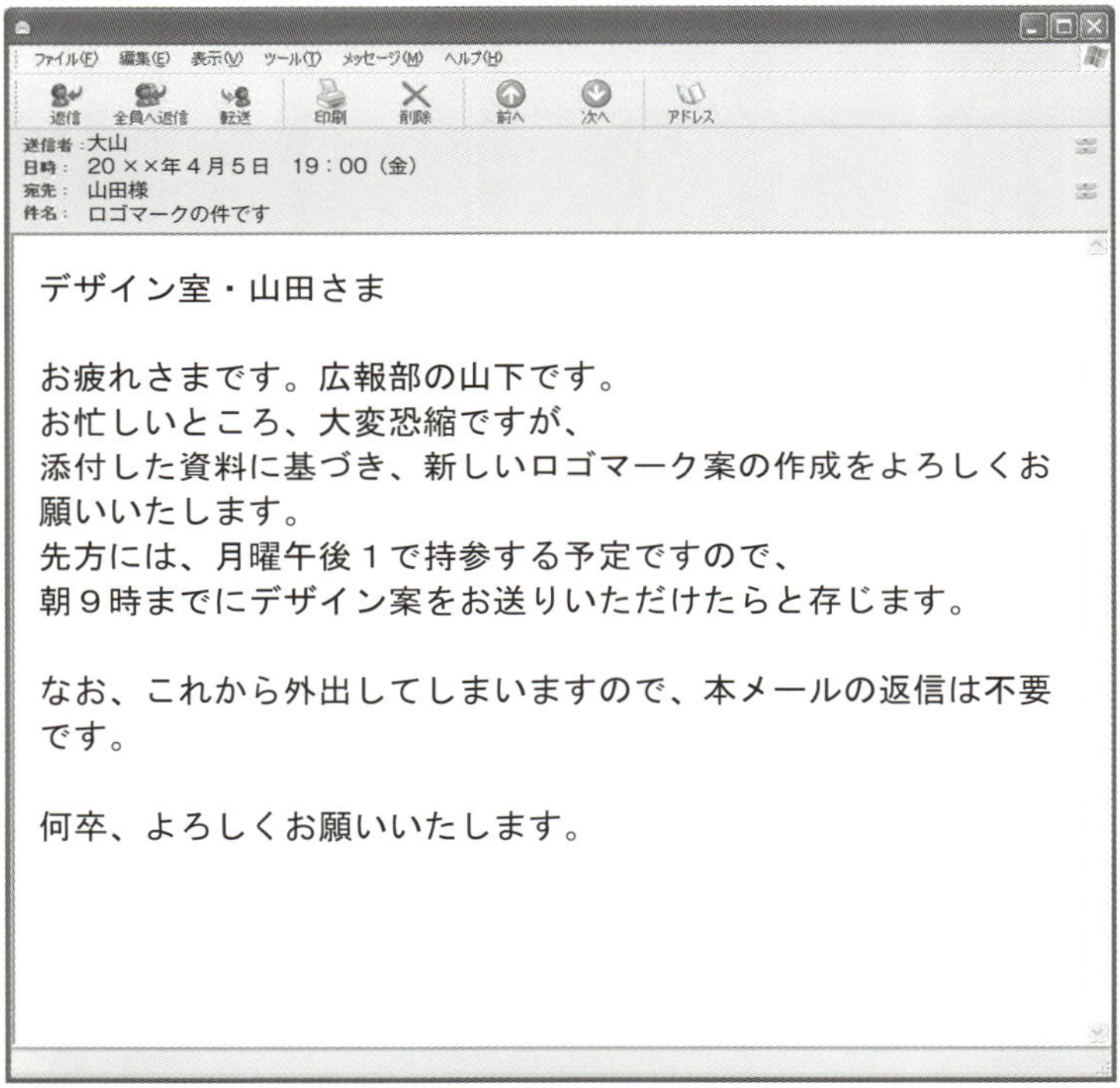


送信者：大山
日時：20××年４月５日　19：00（金）
宛先：山田様
件名：ロゴマークの件です

デザイン室・山田さま

お疲れさまです。広報部の山下です。
お忙しいところ、大変恐縮ですが、
添付した資料に基づき、新しいロゴマーク案の作成をよろしくお願いいたします。
先方には、月曜午後１で持参する予定ですので、
朝９時までにデザイン案をお送りいただけたらと存じます。

なお、これから外出してしまいますので、本メールの返信は不要です。

何卒、よろしくお願いいたします。

休みの直前に依頼メールを出し、返答を休み明け１番に求めるような非常識メールは、相手の怒りを買う。文章が丁寧なら何でも許されるわけではない。

## 2．メールでの報告も、報告書は報告書

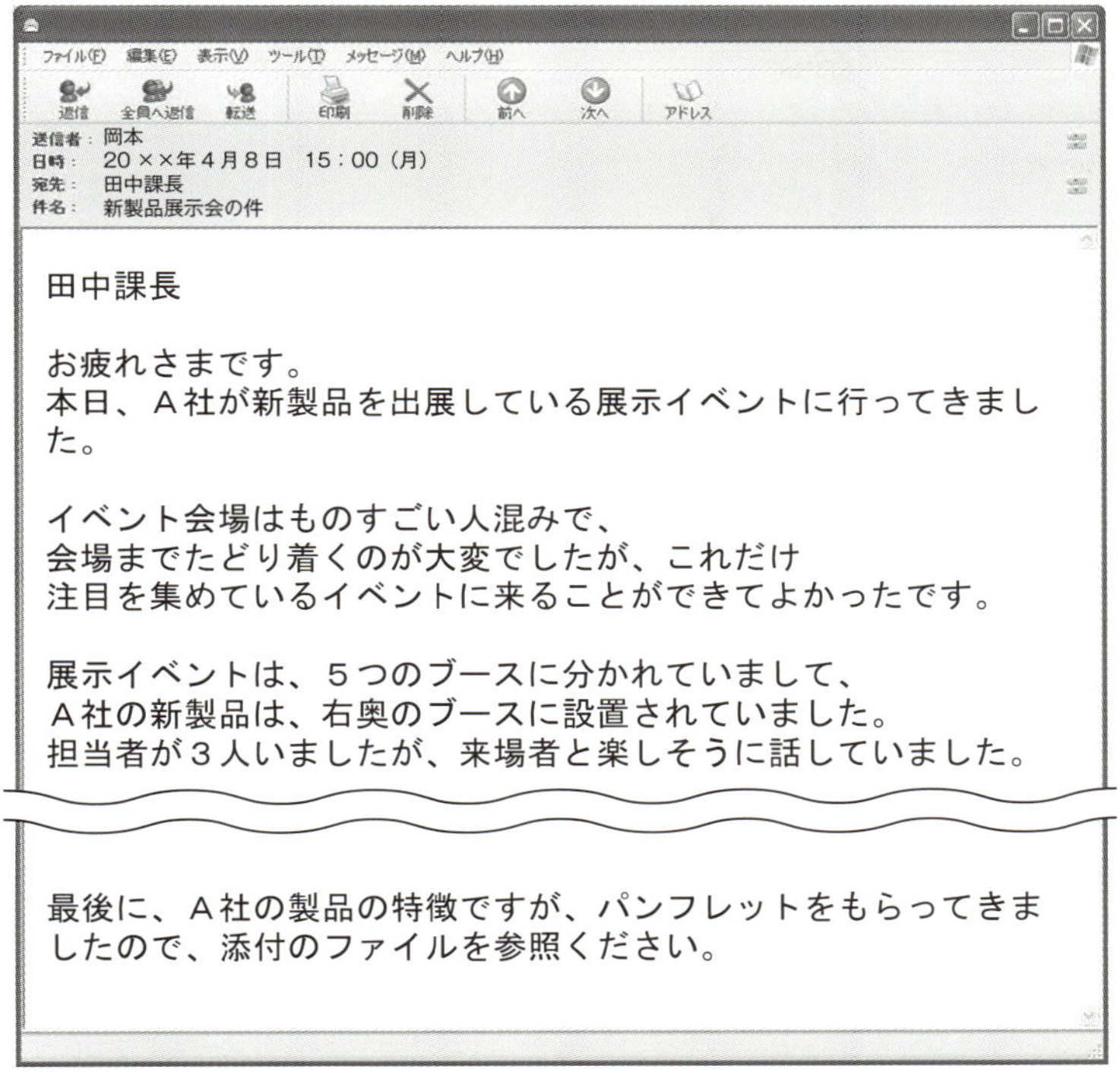

送信者：岡本
日時：20××年４月８日　15：00（月）
宛先：田中課長
件名：新製品展示会の件

田中課長

お疲れさまです。
本日、Ａ社が新製品を出展している展示イベントに行ってきました。

イベント会場はものすごい人混みで、
会場までたどり着くのが大変でしたが、これだけ
注目を集めているイベントに来ることができてよかったです。

展示イベントは、５つのブースに分かれていまして、
Ａ社の新製品は、右奥のブースに設置されていました。
担当者が３人いましたが、来場者と楽しそうに話していました。

最後に、Ａ社の製品の特徴ですが、パンフレットをもらってきましたので、添付のファイルを参照ください。

メールを個人的な私信と勘違いをして、ビジネス文書としてのルールから逸脱してしまう人がいる。たとえば、報告メールは、体裁はメールであっても報告書のルールに従う必要がある。結論が先、事実と主観を混同させないなどの注意が必要だ。

## 3. 謝罪メールなのに言い訳ばかり

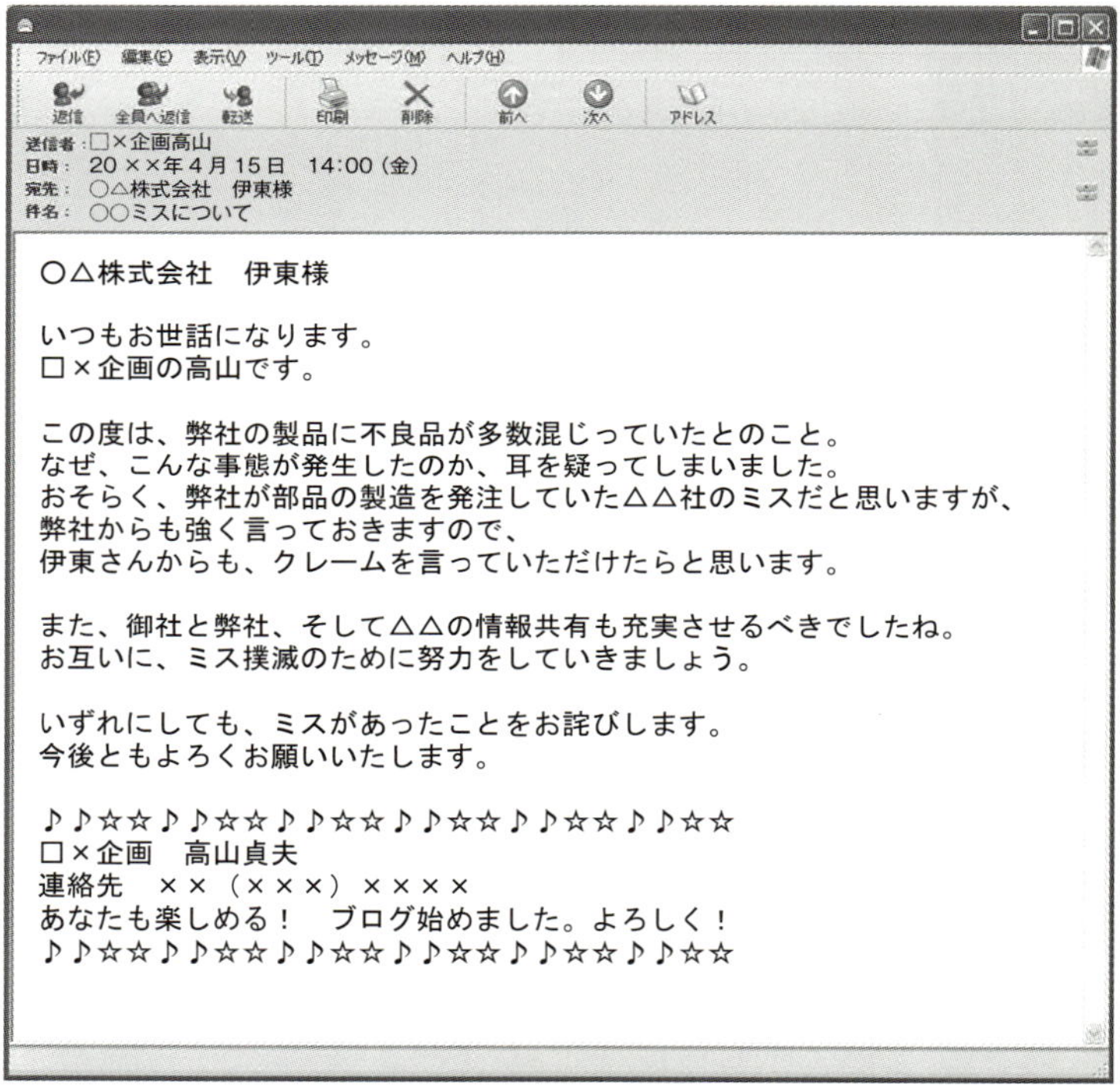


送信者：□×企画高山
日時：20××年4月15日　14:00（金）
宛先：○△株式会社　伊東様
件名：○○ミスについて

○△株式会社　伊東様

いつもお世話になります。
□×企画の高山です。

この度は、弊社の製品に不良品が多数混じっていたとのこと。
なぜ、こんな事態が発生したのか、耳を疑ってしまいました。
おそらく、弊社が部品の製造を発注していた△△社のミスだと思いますが、
弊社からも強く言っておきますので、
伊東さんからも、クレームを言っていただけたらと思います。

また、御社と弊社、そして△△の情報共有も充実させるべきでしたね。
お互いに、ミス撲滅のために努力をしていきましょう。

いずれにしても、ミスがあったことをお詫びします。
今後ともよろしくお願いいたします。

♪♪☆☆♪♪☆☆♪♪☆☆♪♪☆☆♪♪☆☆♪♪☆☆
□×企画　高山貞夫
連絡先　××（×××）××××
あなたも楽しめる！　ブログ始めました。よろしく！
♪♪☆☆♪♪☆☆♪♪☆☆♪♪☆☆♪♪☆☆♪♪☆☆

謝罪するときは、きちんと謝罪することが大事。言い訳が先に立つと、相手の怒りは増長される。また、謝罪にふさわしくない署名がないか確認することも大事だ。

TIPS

スキルアップのコツ

# CC、転送、添付データにも注意する

最近は、関係者以外のアドレスを、相手の許諾を得ずに記載して送信するといったケースは減少してきたが、それでも、「cc」の取り扱いがおかしい人がいる。例えば、「とりあえずccで送っておこう」と考え、相手を特定せずに何でもメールを送ってくる人はやっかいだ。ccは、あくまでも情報を共有すべき人に対して行うもの。何でもかんでもccに入れて、共有を強制するのは誤りだ。逆に、ccすべき人に送っていないケースもある。どの情報を誰と共有するのかを明確にしよう。

また、送信する目的や理由を記載しないで、メールを転送する人がいるが、意図がわからない転送メールは、取り扱いに困ることが多い。情報を共有するだけなのか、何かアクションを起こす必要があるのかがわかるように、説明入りの転送を心掛けたい。

添付データについては、容量を意識すること。2MB以上のメールは、基本的に添付を避け、「ファイル便」などを利用するべきだ。

▼不適切な cc の例

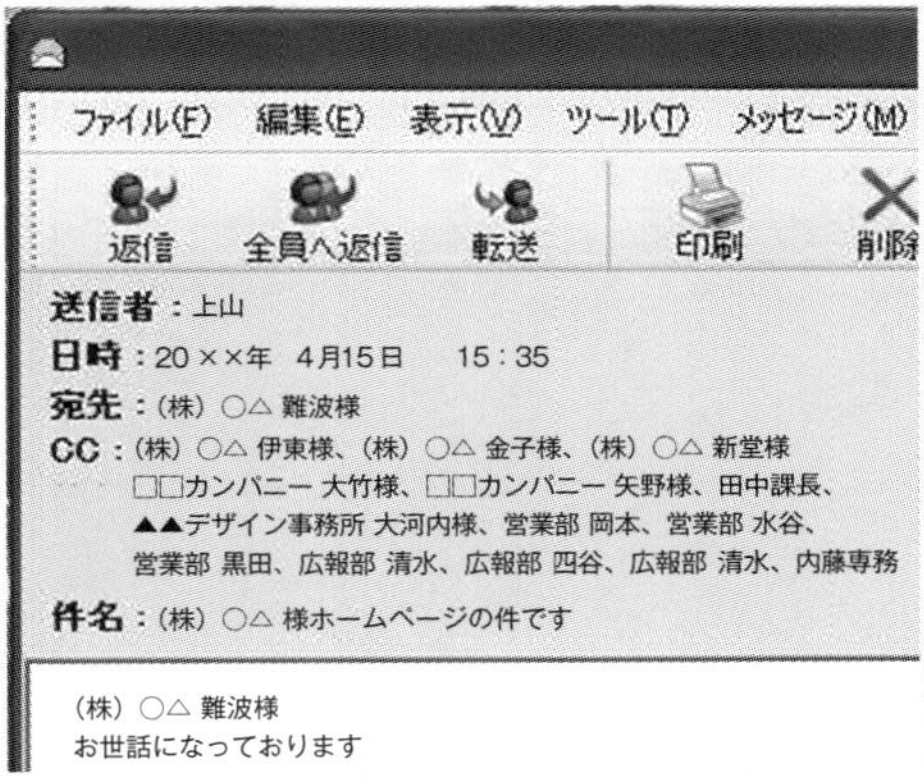

Column

## 書くときも話すときも「敬語」に注意

正しい敬語を使うことはビジネスパーソンとしての基本である。敬語の使い方を誤まれば、人間関係にヒビが入る可能性もある。

敬語には、相手の行動につける「尊敬語」、自分を卑下する「謙譲語」、丁寧な言い回しをする「丁寧語」に分類できる。また、謙譲語には、自分から相手に向かう言葉と、自分の行為や状態につける言葉があるので、その区別にも注意したい。

1．尊敬語：する→される、読む→読まれる
2．謙譲語：（自分→相手）言う→申し上げる
（自分の行為）言う→申す
3．丁寧語：語尾に「です・ます・ございます」をつける
「お」や「ご」をつける

その他、次の３点にも注意したい。

1．訓読みの前には「お」（お住まい）、音読みの前には「ご」（ご住所）、役割や外来語には何もつけない。
2．自社の上司など、社内では尊敬語を使う相手でも、社外の人には使わない（弊社の部長がおっしゃっています×）
3．二重敬語に注意する
×）おっしゃられる
○）おっしゃいました
×）ご覧になられた
○）ご覧になった

# 第3章

# 「情報収集力・整理力」を鍛える

①「話す」も「書く」も「情報」次第

## ビジネスに必要な情報を整理する

情報は、それを活用するシーンによって異なる。ビジネスにはビジネスにとって必要な情報があり、できるビジネスパーソンになるためには、情報収集・整理の勘どころを押さえておく必要があるだろう。

ビジネスとは、ひと言でいえば経済活動。日々の仕事は、いかに顧客に貢献し、利益を生み出すかが問われている。また、仕事は一人でするものではなく、多くの人間関係を構築しながら遂行するものだ。ビジネスに必要な情報とは、そうしたビジネス特有の活動に益するためのものであり、左ページに整理した情報を意識的に収集するようにしたい。

●ビジネスパーソンの情報源とは？

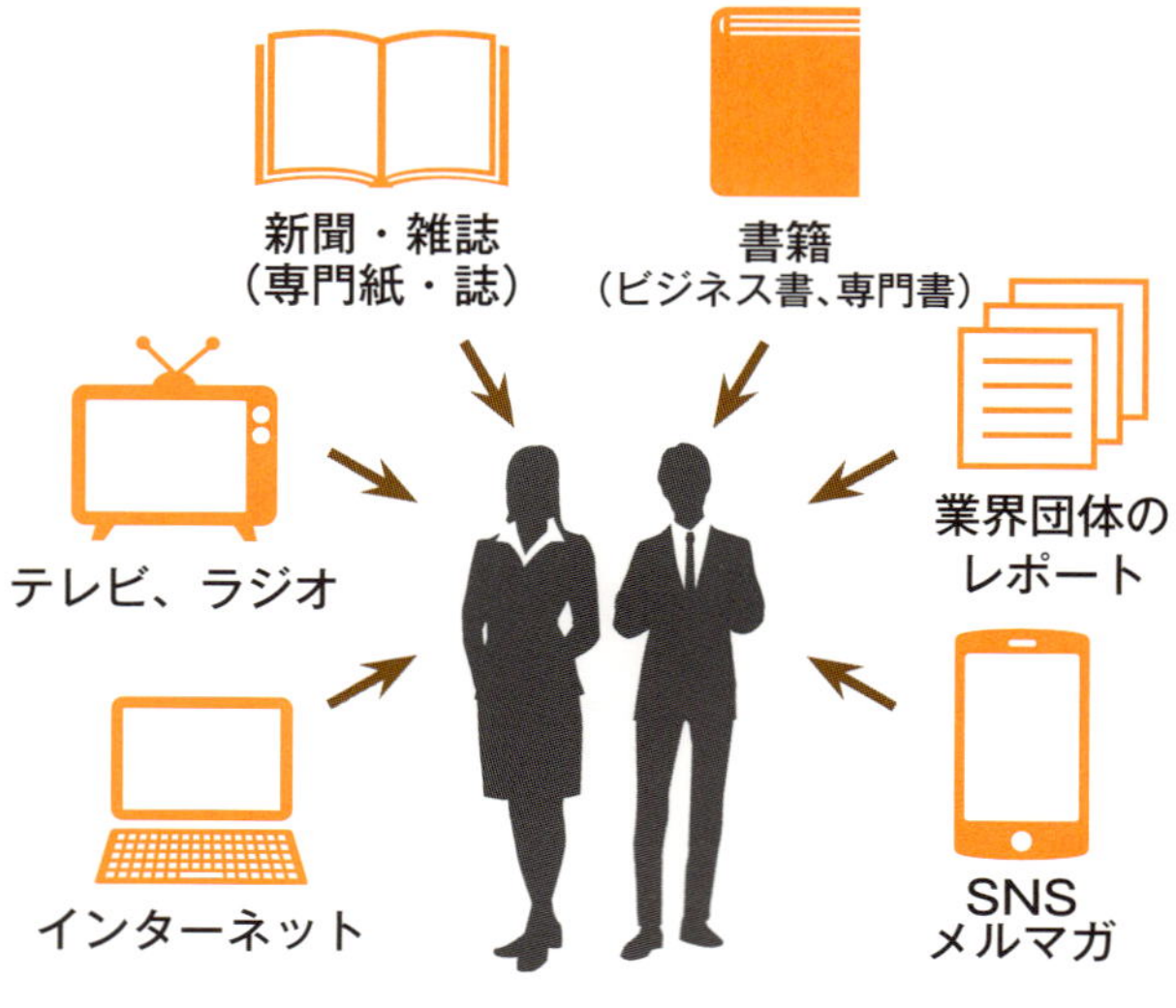

## ●ビジネスにとっての情報とは？

### ① 事業・商品に関する情報

| | |
|---|---|
| 事業領域 | 事業の守備範囲および周辺事業、開拓可能な事業 |
| 事業特性 | 事業コンセプト、事業の進め方の特性、商品の特性、付加価値 |
| 優 位 性 | 業界内ポジション、競合他社、差別化戦略 |

### ② 顧客に関する情報

| | |
|---|---|
| 企業概要 | 企業理念、沿革、創業者、企業規模、中長期ビジョン |
| 事業概要 | 事業領域、事業特性、優位性と課題、中長期計画 |
| 取引状況 | 取引経緯、取引実績、担当者・担当者の特性、取引上の注意 |
| 業界情報 | 顧客が所属する業界の動向、マーケットニーズ、将来予測 |

### ③ 仕事に関する情報

| | |
|---|---|
| 知 識 | ビジネスパーソンに必要な一般知識、共通知識<br>仕事を進める上で必要な専門知識<br>より高いレベルで仕事を遂行するための業界知識 |
| ス キ ル | ビジネスパーソンに必要な一般スキル、共通スキル<br>仕事を進める上で必要な専門スキル<br>より高いレベルで仕事を遂行するための専門スキル |
| 人間関係に関する知識・スキル | コミュニケーション力、報告・連絡・相談 |

### ④ 社会に関する情報

| | |
|---|---|
| 時事問題 | 政治、経済、社会の一般常識＋α |
| 文化教養 | 文化、歴史、スポーツなどの一般常識＋α |
| 語学・スキル | 英語、関連する外国語、ITスキル |

ここがポイント!

# ネット検索技術の向上で効率的な情報収集を

膨大な情報量の中から必要な情報を入手するためには、ネット検索の技術を高めていくことが重要だ。読者の多くは、グーグルやヤフーでの検索を日常的に行っていると思うが、その技術の高い、低いで適切な情報を得られるかが決まってくる。ここで、グーグルを活用した検索技術をまとめてみたい。

## ❶トップページを徹底活用する

- □ **検索ボックス**：検索キーワードを入力して必要な情報を入手
- □ **ウェブ**：キーワードサイトを検索するグーグルの基本機能
- □ **イメージ**：画像からキーワードを検索するときに使用
- □ **ニュース**：新聞社のサイトから検索。編集された情報を入手
- □ **地図**：地域情報や地図の検索に利用
- □ **グループ**：メーリングリストの管理、グループ会員との協働を推進
- □ **more**：グーグルのさまざまなサービス（アラートなど）を利用
- □ **検索オプション**：画面に従って必要な項目を入力していけばＯＫ
- □ **I'm Feeling Lucky**：検索結果最高位のサイトが自動的に開く

## ❷検索の仕方をマスターする

- □ **AND検索**：キーワードのすべてを含んだ検索。キーワードをスペースで区切る
- □ **OR検索**：キーワードのいずれかを含んだ検索。キーワードの間に「OR」を入力
- □ **NOT検索**：あらかじめ検索したくないキーワードの直前に「－」をつけて検索
- □ **フレーズ検索**：「“”」でキーワードを囲むと、キーワードが文中に並んでいるページだけを検索
- □ **ストップ語検索**：検索を邪魔する言葉や文字（it、The 、１桁の数字）として自動的に除外されている言葉を含めて検索をする場合は、半角の「+」を付加する
- □ **ワイルドカード検索**：キーワードがあいまいな部分を「※」に置き換えて検索

TIPS

スキルアップのコツ

# 仕事日記をつけて 情報を知識として活用する

情報は情報として持っているだけでは意味がない。情報をどれだけ生きた知識として活用できるかが重要だ。具体的には、日々、仕入れた情報をこまめに整理して、いつでも情報を取り出せるような情報の「収納場所」を作り、何かあったらすぐに活用できるようにしておくことが大切だ。

　情報の収納場所は、パソコンやキャッビネットの中など、さまざま考えられるが、ビジネス手帳を日記として活用する「仕事日記」が、わかりやすくて効果も高い。というのは、単に情報を保管するだけでなく、「書く」という行為を加えることで、情報が記憶として定着しやすくなるからだ。また、時系列に記載されているため、後から振り返る時も、記憶をたどりやすい。次の点に注意しながら、情報を知識として活用するための「仕事日記」を始めてみよう。

▼仕事日記の作り方

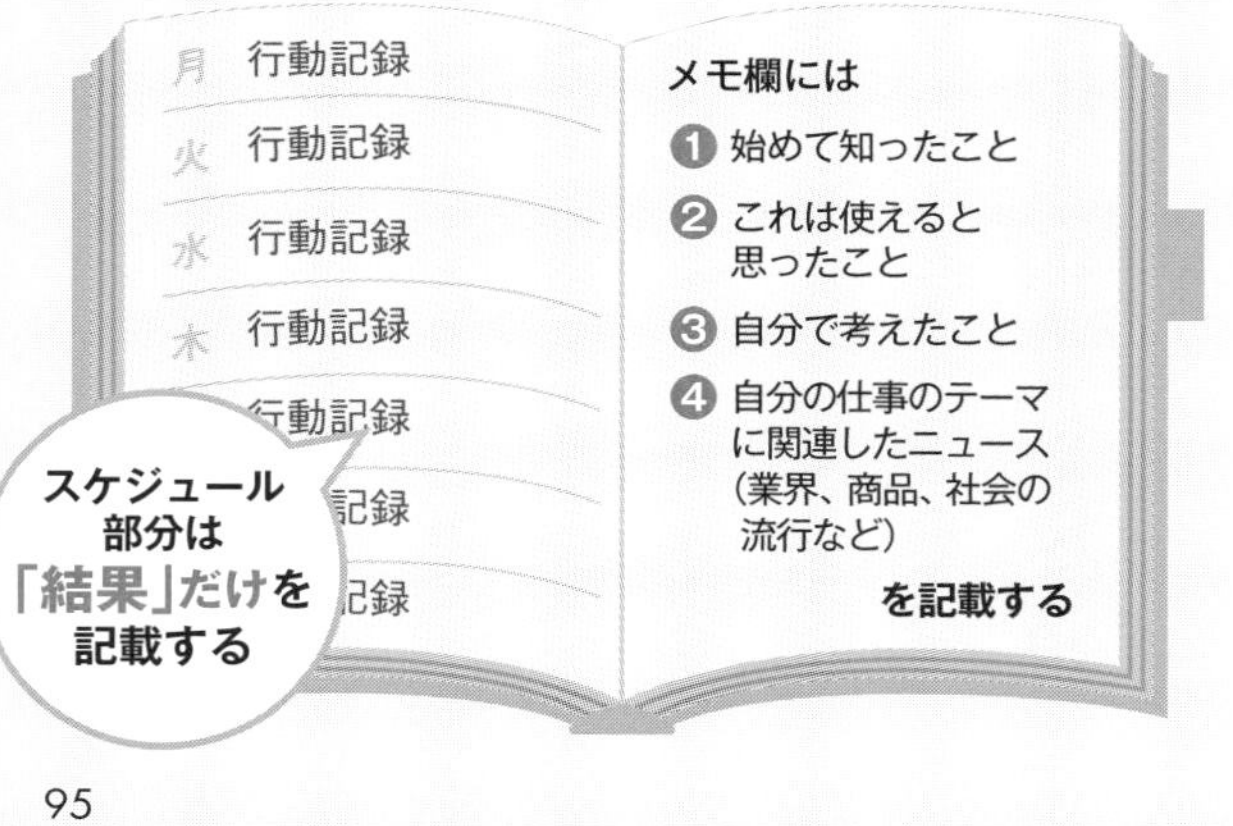
月 行動記録
火 行動記録
水 行動記録
木 行動記録
行動記録
記録
記録
スケジュール部分は「結果」だけを記載する
メモ欄には
❶ 始めて知ったこと
❷ これは使えると思ったこと
❸ 自分で考えたこと
❹ 自分の仕事のテーマに関連したニュース（業界、商品、社会の流行など）
を記載する

## ② 情報の入手経路、メディアの特性を知ろう

### 情報収集は多角的に行うのが基本

情報の入手先はさまざまだ。インターネットは、パソコンや携帯から容易に接続可能な情報の宝庫だし、大量の情報をコンパクトにまとめて発信してくれる新聞や雑誌も、情報収集先としては欠かせない。また、書店に行けば多様なジャンルの本が並んでいるし、道を歩いているだけでもポスターやチラシ、各種掲示板などに記載された情報に接することになる。

できるビジネスパーソンになろうと思うなら、そうした多種多様な情報にできるだけ多く接すること。中には、見るに耐えない、聞くに耐えないような情報に接することもあるが、良い情報と悪い情報とを見分けることも、できるビジネスパーソンの条件。多角的な情報収集で情報センスを磨こう。

### 人間こそが最高の情報源

活字、デジタルを問わず、メディアは個人では収集できないような情報を集め、我々に提供してくれる。そういった意味では、メディアの活用は情報収集の王道だ。しかし、真にビジネスに役立つ情報を集めるなら、最もアナログ的な手法を活用することも大切。人間こそが最高の情報源として認識し、生身の人間を通して情報を得ることを重視したい。

実際、顧客ニーズを探るような場合、ネッ

ト検索や新聞・雑誌の記事に頼るよりも、顧客の担当者と直接話したほうが核心情報を入手できる。もちろん、普段から人間関係を構築していなければ、ネットや新聞・雑誌以下の表面的な情報しか得られないが、互いに信頼関係を構築していれば、メディアでは報道されない本音を語ってくれる可能性もある。

最近は、隣の席の人とのコミュニケーションすらネットを介して行う人が増えているが、**生身の人と接することで、真に役立つ情報を効率的に入手しよう。**

ただし、人間の記憶は常に正しいとは限らない。他者から得た情報はありがたく受け止めながら、裏をとる（真実を確かめる）ステップを怠らないようにしよう。関連した情報を集め、事実関係があいまいな点がないか確認することが大切だ。

- ○ 顧客、上司、同僚、友人、知人との会話から情報を入手する
- ○ ネットや新聞・雑誌など、多様なメディアから情報を入手する
- ○ 実際に自ら足を運んで自分の目で見て情報を入手する

- × 1つの情報だけに接して、正しいと思い込む
- × 隣の席の人とでもメールでやりとりする
- × インターネットや人から得た情報をすべてうのみにする

ここがポイント!

## メディアの特性を知ろう

メディアには、メディアとしてのそれぞれ特性がある。情報を入手するにあたっては、そうしたメディアの特性を把握し、的確な情報収集に努めることが大切だ。下記を参考に、インターネット、新聞・雑誌、人間の情報収集のポイントをおさえよう。

### ❶インターネット

**メリット**
- 環境さえあれば迅速、かつ大量の情報を入手できる
- 自由奔放に収集することで情報空間が広がる

**デメリット**
- 検索する人のレベルによっては表面的な情報しか得られない
- 虚偽情報、一面的な情報、悪意のある情報が紛れ込んでいる

### ❷新聞・雑誌

**メリット**
- 情報の裏付けがなされており信頼できる情報が多い
- 情報だけでなく、編集者の物事の見方を学ぶことができる

**デメリット**
- 限られた紙（誌・ページ）のため発信される情報が限定される
- 発行者・編集者の意図によって情報が偏ることがある

### ❸人間

**メリット**
- その時々で必要な情報、的を射た情報を得ることができる
- 疑問点などをその場で確認したり、話を深堀りできる

**デメリット**
- 情報を得るためには人間関係の構築が前提になる
- 誤った認識に基づく情報、悪意のある情報が発信されることがある

スキルアップのコツ

# 図書館・書店を活用する

最近の図書館は、図書館司書をはじめとしたスタッフの努力もあり、蔵書の品揃えも豊富で、並べ方も個性的になっている。図書館に入ったら、ピンポイントで必要な書籍を探すのではなく、ゆっくり館内を歩き回ってみよう。それまで気づかなかった蔵書を発見したり、特設コーナーの中に自分の仕事に関連したテーマの本が並べられていることに感激することもあるだろう。

さらに、広告なら広告専門の図書館があるし、企業が、自らの商品やサービスに関連した図書館・資料室を開設しているケースもある。専門図書館については、ネットや図書館ガイドなどで検索できるので、一度調べてみよう。

また、書店の中にも、品揃えや展示方法に工夫を凝らしているところが多く、検索サービスに力を入れている店もある。図書館司書と同様、書店スタッフも情報のプロ。情報の目利きたちが施すレイアウトを見るだけで、情報センスは着実に磨かれる。

# ③ 取材のススメ。現場から感じる力を養おう

## 取材はメディアの特権ではない

取材というと、新聞や雑誌の記者を思い浮かべる人が多いが、取材は何もメディアの専売特許ではない。自社商品のユーザーにヒアリングする、問題が発生している現場に出向いて調査する、といった行為はビジネスの世界でも当たり前のこと。情報力を向上させようと思ったら、メディアを通した二次情報、三次情報に頼らず、現場に出向いて一次情報を集めることが大切だ。

　実際、現場に出向き、自分の目で見たこと、耳で聞いたこと、肌で感じたことをインプットすると、自然に物事を深く考えるようになる。「なぜ、そんな現象が起きるのか」「なぜ、そんなことを言うのか」「この違和感はなんだろう…」といった現場感覚が新たな疑問を生み、それが膨らんで新たな企画、アイデアになっていく。取材によって現場感覚を高めることは情報力の向上にとどまらず、企画力や発想力を高めるためのポイントにもなる。

## 取材には2通りのアプローチがある

取材をする場合、必ずその前提となる問題意識が存在する。顧客ニーズを探るために市場調査を行う、工場のミス撲滅のために調査を行う、といった取材しなければならない課題が存在し、テーマによって取材のアプローチが変わってくることに注意しよう。

### ①先入観を持たずにアプローチする

取材する問題に関心が高い人ほど、自分なりの見識を持ってアプローチしがちだ。しかし、取材テーマによっては、何の先入観を持たず、ありのままを取材し、事実を受け止めるほうが有効な場合がある。例えば、顧客ニーズを把握する際には、素直に顧客の思いをヒアリングしたほうが、自分では気がつかなかった視点を発見でき、メリットが大きい。

### ②一定の基準を持ってアプローチする

工場の品質管理の状況を取材したい、また、レストランで食の衛生管理の状況をチェックしたいという場合は、一定の判断基準を持って取材（調査）に入るのが望ましい。なぜならば、品質管理や衛生管理には、守らなければならない一定の基準があり、その基準を知らずに取材しても、見落としが多く発生し、穴だらけの取材になるからだ。

## ☑取材に必要な７つ道具をそろえよう！

取材には、あると便利なものがある。例えば、ライターと呼ばれる人々は、次のようなものを常時持って仕事を進めている。

### 取材に必要な７つ道具

**❶ペン**
相手の話をメモするための道具。黒だけでなく、赤や青色も持参する

**❷ノート、メモ**
取材内容を記録するもの。レコーダーがあっても持参する

**❸ＩＣレコーダー**
相手の話を記録するためのもの。ただし、事前許可が必要

**❹デジタルカメラ**
相手の写真（顔、身体）や関連した資料・グッズを撮影

**❺ノートパソコン**
取材先からそのまま原稿を送信するときなどに持参する

**❻携帯電話**
連絡対応や取材場所までの検索。カメラや録音機材の代用品としても使用

**❼その他**
名刺（メモ代わりにもなる）、現金、ＩＣカード　など

ここがポイント!

# 取材にもマナーがある

取材を成功させるためには、守るべきルール、マナーがある。それも、事前準備の段階から取材当日、取材後の対応に至るまで、ステップごとに留意ポイントがあるので押さえておきたい。また、取材相手との関係は、その場だけで終わるものではない。取材をきっかけに人間関係を深めていこう。

## ❶事前準備

□取材するテーマが決まったらすぐにアポイントをとる
□事前に関連する資料を集める（取材は不明点を中心に聞く）
□取材日時や場所を確認（アポから取材まで期間が空く場合は２～３日前に再確認）

## ❷取材中

□取材に対応いただくことのお礼と取材趣旨を伝える
□取材内容をメモ、または録音をする許可をとる
□相手が話しやすい雰囲気を作り、積極的に傾聴する
□５Ｗ１Ｈをもらさず取材（WhyやHowにこだわる）
□不明点はその場で確認。関連資料は可能な限り多くいただく
□取材協力へのお礼と原稿確認のスケジュールなどを伝える

## ❸取材後

□帰社後、すぐにお礼のメールを送信する
※無理をいって取材を受けてもらったケースでは、メールとともに、手紙（礼状）を出す習慣をつける
□情報をまとめる際、不明点が発生したらあらためて確認する（あいまいにしない）
□社内報などのメディアに掲載する場合は、完成した原稿をチェックしてもらう
※相手のチェックが必要なときは、いつまでに見てもらうのか（締め切り）、どんな点をポイントにチェックしてもらうかを伝えておく

スキルアップのコツ

# 取材の基本テクニックをマスターしよう

第1章で学んだ「聞く力」を応用することで効果的な取材ができる。積極的傾聴法やメモのとり方など、基本的なテクニックをおさらいしよう。また、アプローチの違いによっては、前ページで説明した取材の仕方に加え、次のような点に注意することも大切だ。

**先入観を持たずにアプローチする場合**

**①取材対象を明確にする：**先入観を持たないからといって、取材対象まであいまいにしてしまうと、何のための取材なのか、目的さえあいまいになってしまう。対象は絞り込むことがポイントだ。

**②虫の目、鳥の目、魚の目で観察する：**取材をする際には、細部まで注意深く調べ（虫の目）、鳥の目のように空から全体像を俯瞰することが大事。また、物事の全体の流れを捉えること（魚の目）も重要だ。

**一定の基準を持ってアプローチする**

**①判断基準を正しく理解する：**判断基準は、正しいか正しくないか二者択一で整理できるケースと、ある一定の基準を満たしていればよいとされる場合がある。判断基準の種類を正しく理解しておくことが取材活動の前提だ。

**②基準をもとに質問する：**基準とすり合わせて判断だけすればいいという姿勢ではなく、背景や原因となったものを把握することが重要。積極的に質問を投げかけて因果関係を洗い出す。

# ④ 情報は受け身ではなく、自ら発信することで入手する

### ☑ ツイッター、ブログは情報収集の道具

今、ネット上では、多くの人がツイッターでつぶやき、ブログなどで情報を発信する。ソーシャル・ネットワーク・サービス（SNS）を利用する人々の割合は年を追うごとに増えている。

もっとも、ツイッターやブログは、情報を広く発信するためだけに利用されているわけではない。むしろ、自らが発信した情報をもとに、どんな反応が返ってくるかを楽しむ人が多く、情報発信よりも情報収集にウエイトを置いている人が少なくない。実際、ネット上で何かを発信すると、あっと言う間に、多様な人々から多様な情報が寄せられる。中には誹謗中傷もあり、不注意で情報発信した途端、炎上してしまうブログもあるが、それも、ネットを活用することで一度に多くの情報を収集できることの裏返しである。

できるビジネスパーソンになるためには、自ら情報を発信することと、他者から情報を集めるスキルを身につけなければならない。

## ビジネスも情報を発信するから受信できる

日常的なビジネスシーンでも、自ら情報を発信することで、必要な情報、貴重な情報を入手できる場面に遭遇する。例えば、ビジネスパーソンの基本動作である「ホウレンソウ（報告・連絡・相談）」は、自ら報告、連絡、相談することで、多くの情報、知恵を得るための行動として捉えることができる。なぜならば、上司に途中経過や結果を報告することで、次に何をなすべきかについての情報を入手できるからだ。また、困難に直面した時、上司や同僚に相談することで、自分では気がつかなかった視点や方法を受け取ることもできる。こうした情報は、自ら発信（報告、相談）しなければ、得られないものである。前項で、一次情報を得ること（取材）の重要性を指摘したが、自らの意見やアイデアを他者に発信することで得られる情報は貴重で、かつ、その後のビジネス展開に有効なものが多い。これからのビジネスパーソンは、「情報は受け取るもの」との認識を捨て、積極的な情報発信で、よりレベルの高い情報を入手していこう。

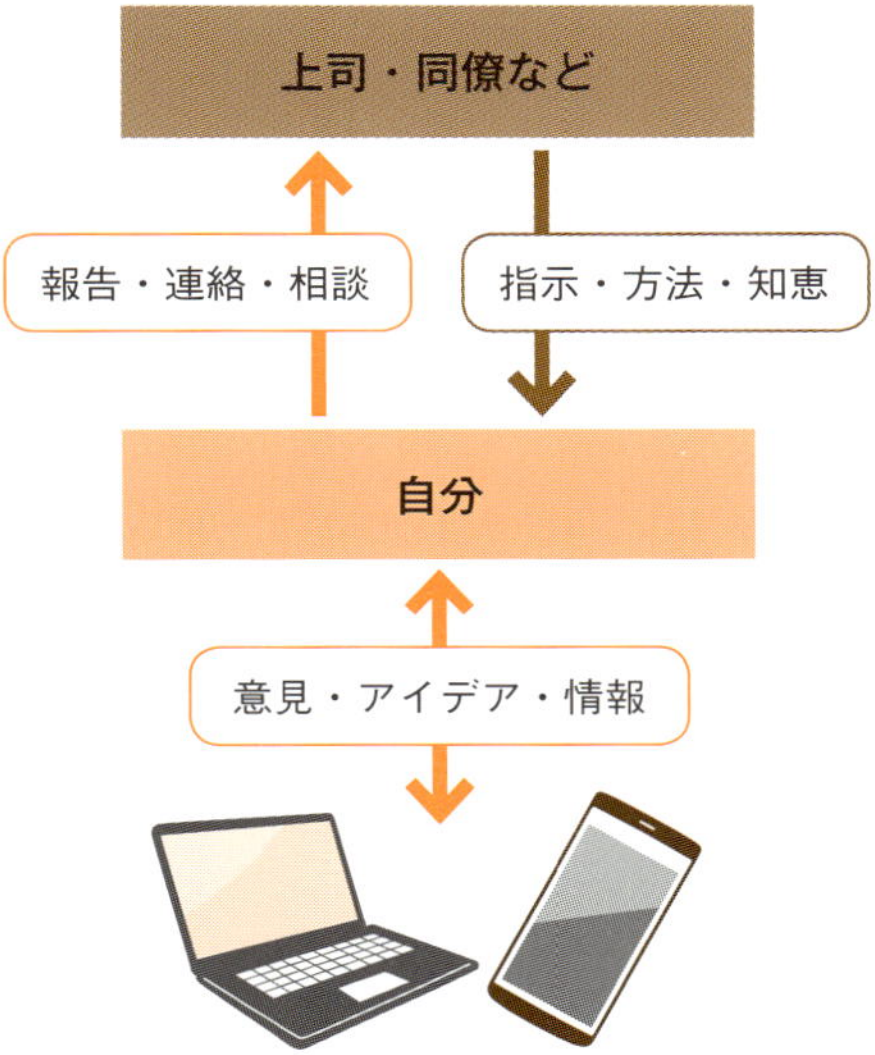

ここがポイント！

# ＳＮＳを活用した情報収集のスキルと留意点

ＳＮＳは、自らの思いや考えを発信する手段であると同時に、他者とネット上でつながることで、自分が欲しい情報を入手するためのメディア。最近では、携帯からスマホへ移行する中で、ＳＮＳを利用する人の割合が増えている。ＳＮＳを活用した情報収集スキルを身につけておこう。

## 1 ＳＮＳで人脈を拡大する

ＳＮＳを利用する人の目的は、次の２つに大別される。

①これまで関わったことのない人とネットワークを構築し、自分の関心分野に関する情報を得ようとするケース

②既に知っている人との関係を深め、ともに有益な情報を発信したり、受信したりするケース

ＳＮＳを情報収集に活用するなら、いかに多くの人に自分の存在を発信できるか、また、ＳＮＳ特有のリスクを排して、他者との関係を構築していくかがポイントだ。一般にＳＮＳは、クラウトスコア（フォロワー数だけでなく、フォロワーとの親密度なども評価の対象になる）によって優劣が評価される。仕事で活用しようと思うなら、まずは50スコアをめざしてみよう。

## 2 ツイッターの活用ポイント

ツイッターは１４０字という限られた文字数で情報を発信するメディア。実名を明かすことなく気軽につぶやくことができる。また、リアルタイムで、コンパクトに情報が寄せられるため、特定のトレンドについて、一気に情報を収集するときに便利だ。また、検索機

能を使って、自社の商品やサービスについての評価を得るのも有効だ。ツイッターの利用者には、情報リテラシーに優れたキュレーターと呼ばれる人が存在する。自分が欲する情報に詳しいキュレーターをフォローすることで、優れた情報に接する機会が多くなる。

3

## フェイスブックの活用ポイント

フェイスブックの特徴は、実名が原則であること。発信元がはっきりしているため、信頼性が高い。また、プロフィールの詳細をオープンにすることで、疎遠になってしまった人との関係を再構築することもできる。さらに、仕事仲間で情報を共有する道具として活用すれば、互いの進捗状況が共有できるだろう。

4

## SNSの注意点

SNSを活用する最大のリスクは、個人情報が漏れやすいこと。フェイスブックは、情報を特定の人のみにオープンすることが可能だが、友人限定のはずが、全体に公開してしまったという人も少なくない。また、事件や犯罪に巻き込まれるリスクもあり、自分の個人情報だけでなく、友人などの個人情報の管理にも気をつけよう。

# 5 過去の手帳やノートを定期的に見返そう

## 自分の「過去」も情報の宝庫

情報は、自分の外にだけ存在するわけではない。むしろ、これまでの人生の中で、たくさんの情報に触れてきた自分の「過去」にこそ、自分が必要とする情報が眠っていることが少なくない。というのは、自分の仕事に必要な情報は、その都度集めてきた歴史があるからだ。しかも、今とは異なる視点で情報を集めていることが多く、その時々の考え方やものの捉え方を反映している。

過去の自分に遡る方法はさまざまだが、最も簡単なのが、ビジネス手帳やノートを見返すこと。特にビジネス手帳には、その時々に何をしたのかという行動記録が記載されているため、当時考えていたことや、感じてきたことの記憶をリアルに思い出しやすい。また、現在の考えやアイデアと比較検討することで、新たな思考や発想が生まれる可能性も大きいので有意義だ。

## 見直しの時期は事前に予定に書き込む

手帳やノートの見直し時期は、あらかじめスケジューリングしておくとよい。特に手帳は、毎年新しい手帳が発売される時期が決まっているため、その時期に合わせて見返していくとよいだろう。

また、手帳は半永久的に保存し、1年前、3年前、5年前の自分の記録と向き合うようにしよう。数年単位で見返すことで、単なる情報収集にとどまらず、自分自身の思考発展の経緯や成長の軌跡をたどることができる。

そのためにも、図のような使い方を参考に有益な手帳やノートを作ろう。

## ① 手帳

・顧客との打ち合わせは、アポイントだけでなく、テーマや打ち合わせた内容（結果）も記載する
・行動予定（記録）だけでなく、業務課題や検討課題についても記載する

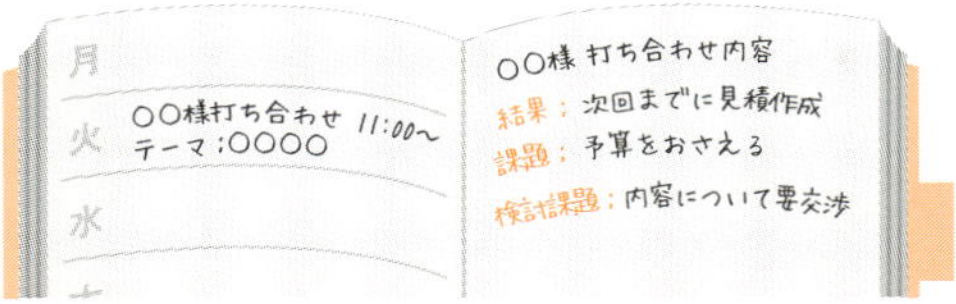


## ② ノート

・「課題別ノート」と「落書きノート」を区分して活用する
・時系列で書く習慣をつける
・役に立った書籍・資料の要約を記載する（コピーを貼り付ける）

## ③ 日記帳

・３年連記の日記を活用する
・長く書くより、行動、思い、アイデアの履歴代わりに活用する
・後から見返すことを想定して情報は５Ｗ１Ｈで整理する

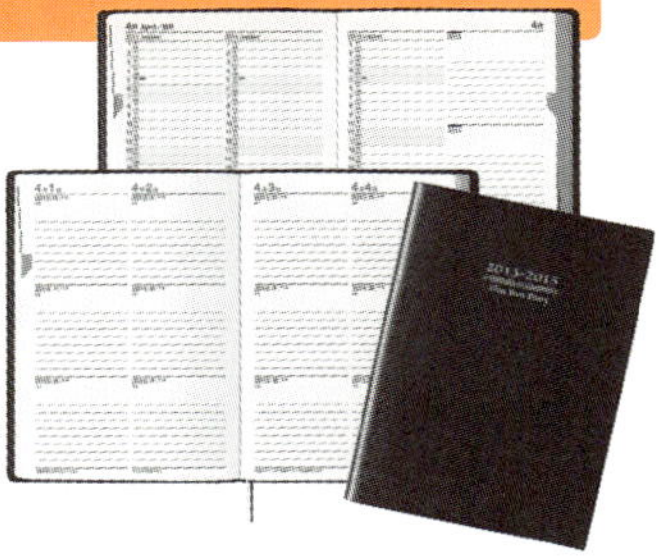

# 6 日常生活の中で情報感度を向上させる方法

## ☑ 情報センスを磨くには自覚的行動が必要

情報を的確に収集するためには、自分の中の情報センス、感度を高めていくことが大切だ。より多くのメディアと接したり、より多くの人と人間関係を構築することは、情報センスを高めていくための基本だが、普段の生活の中でも情報センスを磨くトレーニングを重ねていこう。

具体的には、五感を研ぎ澄ますこと。視覚や聴覚、身体を活用して、日常的に情報を収集する。さらに、意識的に情報を取捨選択していく方法を学ぶことが大切だ。次ページ以降に記載した手法を活用して、自らの情報センスを高めてほしい。

## ☑ 情報収集の道具を活用する

人間は頭を使って情報を認識するが、一方で、いつまでも記憶が残っているとは限らない。情報は、一時的に「短期記憶貯蔵庫」に蓄えられた後、必要がないと判断された情報・記憶は捨てられてしまう。また、大切な情報・記憶でも、しばらくすると「長期記憶貯蔵庫」に送られ、思い出すきっかけがないと長らく眠りについてしまう。

入手した情報を最大限に活用しようと思ったら、不安定な人間の記憶に依存せず、パソコンやデジカメ、ＩＣレコーダーなどを駆使して、記憶を補完する努力を重ねていくことが大切だ。

## 情報センスを磨くには自覚的行動が必要

心理学用語の1つに、「カラーバス」という言葉がある。これは、「今日のラッキーカラーは赤」だと言われると、その言葉が脳裏に残り、赤い色をしたものを意識して見てしまう心理状態を指す。**情報センスを向上させようと思ったら、漠然と日常風景を見るのではなく、カラーバスを活用して、意識的に物事を見ることを習慣にしよう。**

具体的には、毎日、ある特定の色を決めて、その色のついたものを意識的に探す。場合によっては、色ではなく、丸いものとか、地面にあるものとか、形や位置にこだわって見るのもいい。

また、すぐに対応しなければならない課題がある時は、その課題に関連した物を徹底して見ることも有効だ。

●通常、同じカテゴリーにならない物が、「赤い色」で収集すると同じ仲間に

## 聴覚を活用する

視覚の次は聴覚のトレーニングだ。カラーバスと同様に、日常風景の中から、特色のある音、話を拾っていくトレーニングをすることで、情報センスを高めることができる。

具体的には、朝起きたら、近所から聞こえてくる音に耳を澄ます。人の話し声、鳥の鳴き声、車の音…。聞こえてくる音を意識的に聞き、それが何の音なのかを識別していくことが基本動作となる。

聞く場所はどこでもいい。電車の中の会話や車掌さんのアナウンス、ブレーキ音でもいいし、昼食時に聞こえてくる音・話を拾っていくことでもよい。

漠然と聞いていた感覚を、意識的に聞く方向に転換することで、新しい発見が期待できる。

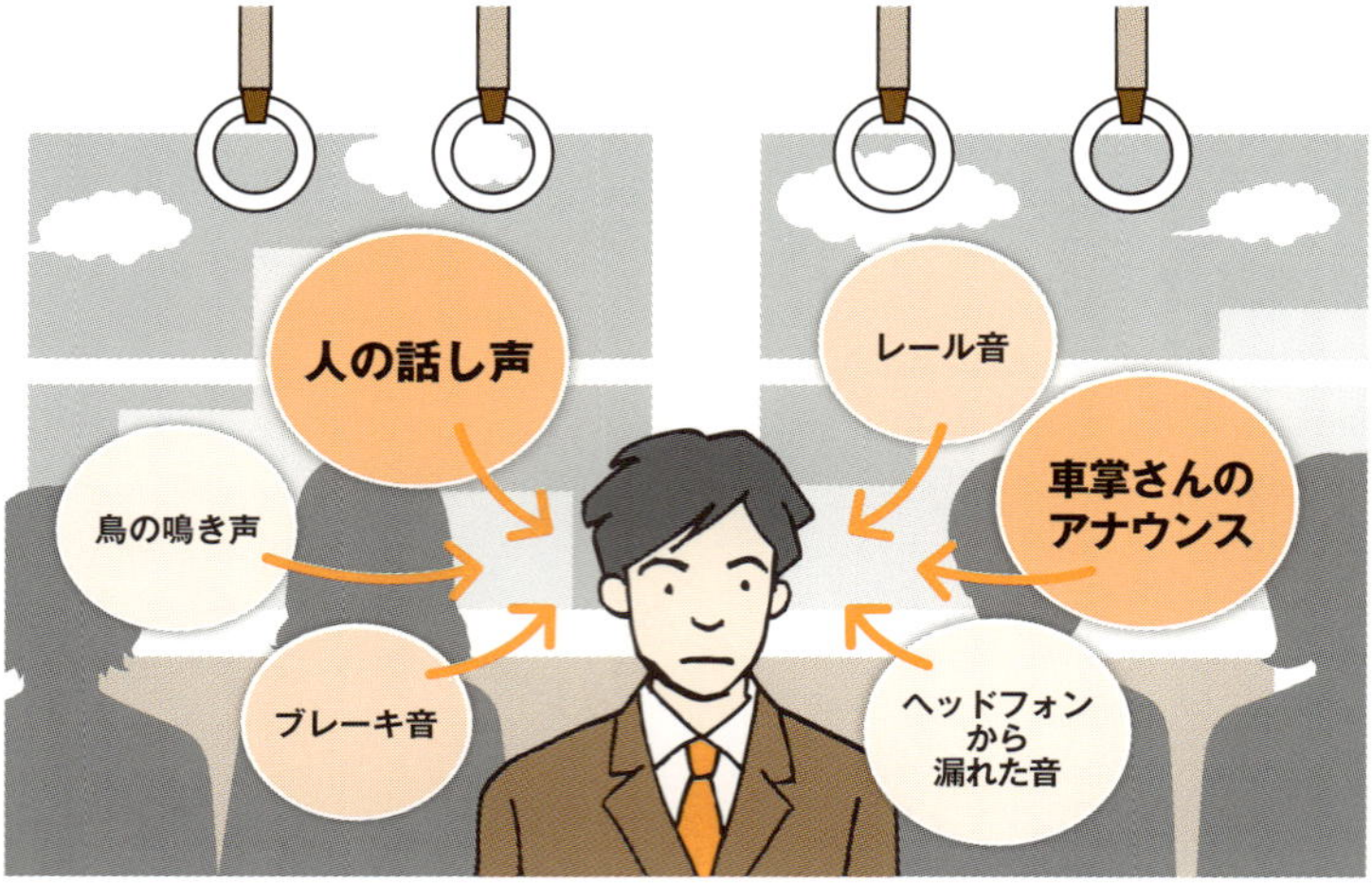

## 体を活用する

**体を活用したトレーニングで最も簡単なのが、人真似をすることだ。**例えば、背の高い人であれば子どもの背の高さで周囲の景色を見てみると、いつもと違った風景が出現し、驚くに違いない。子どもの視線になると、歩きたばこや雨上がりに手元で揺れる傘が、非常に危険な凶器に見えてくる。そんな異次元体験をすることで、物事の見方が変わったり、新しいアイデアが生まれることがある。

その他、オフィスで上司の席から社内を見渡したり、飲食店で働いている人なら客席からカウンターやキッチンを見てみるのも、情報センスの向上に有効なトレーニングになる。

五感のどこかに集中して物事をながめる習慣をつけよう。

子どもの視線で見ると
揺れる傘が
凶器になることも…

# ⑦ 収集した情報を項目別に整理する

## 入手した情報をアトランダムにはき出そう

的確な情報を入手できたからといって、すぐに論理的に話をしたり、文章を書いてアウトプットすることができるわけではない。頭の中にため込まれた情報は、最初は断片的なものでしかなく、まずは、頭の中から外の世界にはき出し、目に見える形にして、少しずつ整理していくことが大切だ。その時に**重要なのが、最初から整理する枠を意識しすぎないこと。**枠をはめたアウトプットでは、従来通りのアイデアしか生まれない。自分が抱えている課題に少しでも関連すると思った情報はすべてアウトプットし、整理しながら情報の取捨選択を行うことが肝心だ。

---

## はき出すための道具を用意する

インプットした情報をはき出す方法は、いくつかある。同じ仕事をするメンバーに話を聞いてもらうのもいいし、企画書にまとめてみるのもよい。しかし、話をするには相手が必要だし、アトランダムにはき出す情報に耳を傾けてくれる人を探すのは難しい。また、いきなり企画書を書くのは、一定の枠を作って情報をアウトプットするのと同じ。**柔軟な発想を確保しつつ、一人で情報を整理するなら「紙」を用意すること。**1枚に1つのアイデアを書くことを原則に、頭の中に浮かんだ事柄を、端的な言葉（文章でなくてよい）で書き出そう。

●1枚に1つの事柄を書き出す

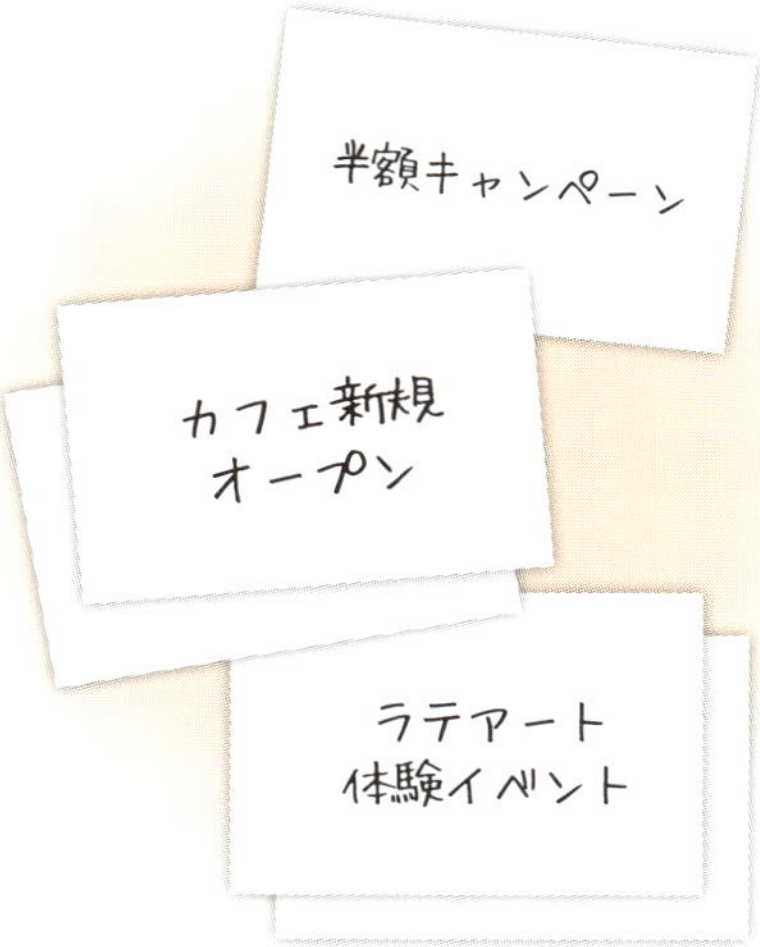


### 活用する目的と5W1Hに着目して整理する

アウトプットした情報を整理するためには、まず、情報を収集した目的をあらためて確認することが大切だ。

自社商品の新しい販売方法を立案するために情報収集したのであれば、まず、販売方法に関する情報を重点的に整理する。その上で、販売方法に関する留意点や時期、対象などに関する情報を、いわゆる5W1Hに分類していく。

もちろん、アウトプットした情報だけで5W1Hのすべてを満たすことは難しい。もし、不足している項目があれば、抽出されたアイデアを縦列に、横軸に5W1Hをとり、アイデアごとに情報としての完成度を高めていけばいい。

| | When | Where | Who | What | Why | How |
|---|---|---|---|---|---|---|
| ○○商品企画案 | 7月○〜×日 | ○○イベント会場 | 10代・20代の若者 | ○○商品 | | |

ここがポイント!

# ＫＪ法を活用した情報整理

文化人類学者であった川喜田二郎氏が開発し、企業の研修手法として広く浸透している情報整理の技術に「ＫＪ法」と呼ばれるものがある。ＫＪ法は一般に、チーム内で企画立案をしたり、問題について検討する際に利用されるが、一人で行うことも可能だ。以下の手順でインプットした情報を整理してみよう。

## ＫＪ法の進め方

**1** 課題に対しての考えやアイデアをふせんに書き込む
（チームで行う場合は、一人あたりの枚数を設定し、一定の時間内で終わるようにする）

**2** 模造紙を用意し、書き終わったふせんを声を出して読み上げながら適当な位置に置いていく。その際、同じテーマ、種類のふせんがあったら近い場所に置く
（チームで行う場合は、書き出した内容が相手に伝わるように、書いた理由や具体的な事例を補足する）

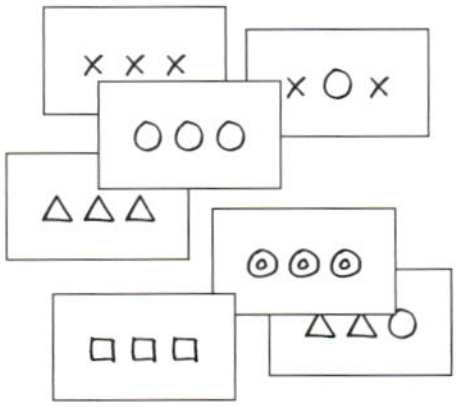


**3** 近い場所に置かれたふせんを見て、全く同じであれば重ねる、微妙に違いがあれば近い場所に置きながら、ふせんをグルーピングしていく
（チームでグルーピングを行う場合、意見が分かれる場合もあるが、アイデアを書いた本人の認識・考えを尊重してふせんの位置を決める）

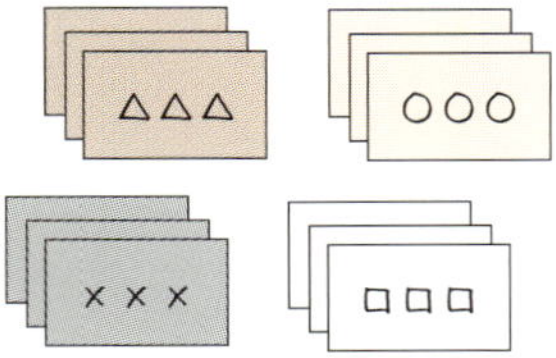

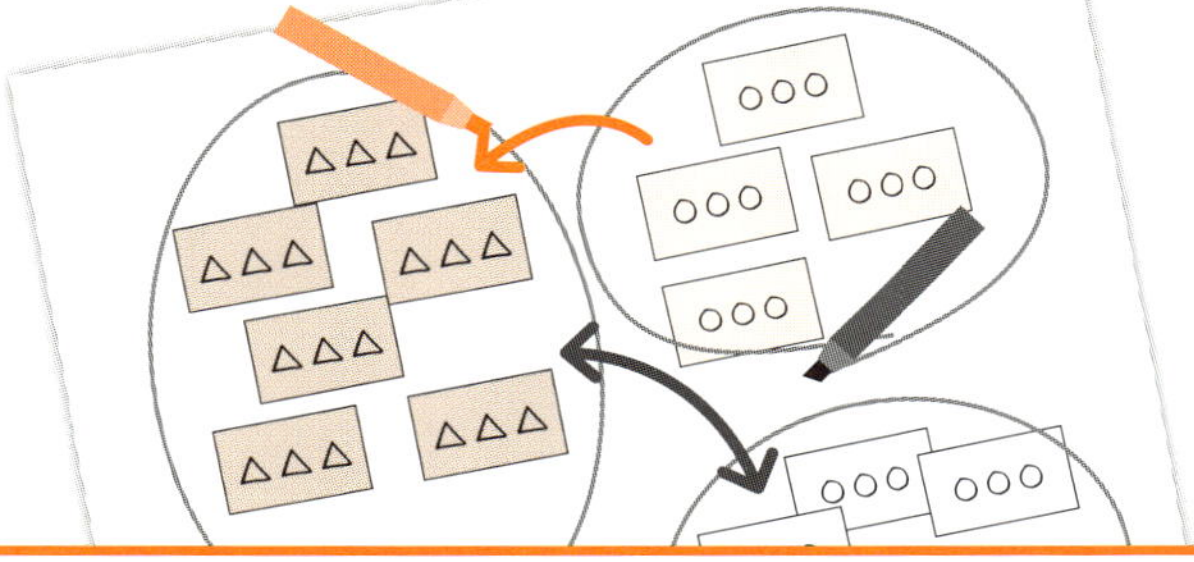

**4** 重ねられたふせんが何を示しているかを考え、見出しをつける

**5** 重ねられたふせんの束の関係性を考え、下図のように線を引いて関係性を示す

（例）因果関係：→（原因から結果の方に）、相互関係：↔（相互に矢印を向ける）、対立関係：→←（矢印を向かい合わせにする）など

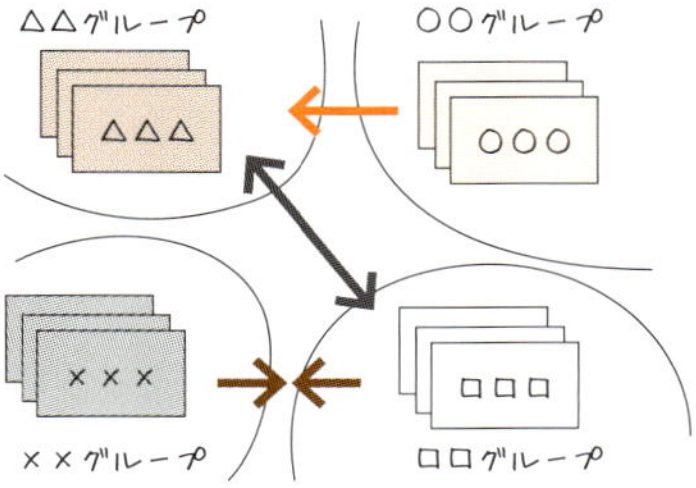


**〔KJ法の注意点〕**

❶意見やアイデアは直感でふせんに記入する

❷関連性が薄いと思う事柄も積極的に書く

❸グルーピングを行う場合、大きな視点から見れば1つのグループで囲めるが、細かく見るといくつかのグループに分けられるケースがある。その時は、大グループの中にいくつかの小グループを作る形でグルーピングを進める

❹チームで行う場合、次の点にも注意する

・自分の考え、アイデアを発表する時は、理由・根拠（Why）を説明する。また、具体的なイメージ（How）が伝わるように話す

・意見交換をする場合は、相手の意見を頭ごなしに否定せず、建設的な議論を行う

# 8 マインドマップで思考を「見える化」する

## マインドマップでモヤモヤ感を解消しよう

頭の中にため込んだ情報をアウトプットしたくても、論理立てて明確に表現できないことがある。そんな時には、たとえあいまいな状態であっても言葉に出し、それぞれを関連づけ、整理してモヤモヤ感を解消しよう。

人間の創造性や脳に関して多くの著述を持つトニー・ブザンが提唱した「マインドマップ」は、そんな頭の中を整理するための手法。けっして論理的とはいえないが、だからこそ、人間の記憶を引き出しやすい。また、思考を多方面に展開できるという意味では創造的な手法であり、ブレーンストーミングの手法として活用する企業、個人も少なくない。

## テーマは明確に、発想は柔軟に

「マインドマップ」の特徴は、考えるテーマや整理すべき情報課題は明確にするが、発想は柔軟に行うことだ。作り方も簡単で、まずは考えるべき・整理すべきテーマを、紙（Ａ３かＢ４の大きめの紙）の真ん中に書き込むことからスタートする。そして、そのテーマに関連した考えやアイデアなどを思いつくまま書き、中心に置いたテーマと線で結んでいく。また、書き出していく途中で、いくつかのサブテーマが見えてくることがある。その時も、サブテーマに関連して思いつくことをどんどん書き込み、線で結んで関係性を明確にしていこう。

こうした作業を繰り返す中で、さまざまな情報、キーワードが線と線で結ばれ、あいまいだった論理の形が徐々に見えるようになる。また、放射線上に広がった情報・キーワードが、テーマに取り組んでいく上での全体像や広がりを示してくれる。

●マインドマップ例

**〔作成上の注意点〕**

❶大きめの紙を使用する（Ａ３またはＢ４）

❷言葉は思いつくまま記入する。重要だと思う言葉は囲む

❸線と線を結ぶ時は自由に結ぶ。離れた場所の言葉同士でも構わない

# ここがポイント! アイデアを膨らせる工夫をする

「マインドマップ」は、あいまいな情報をとにかくアウトプットすることに力点を置いている。しかし中には、情報が記憶の奥底にしまい込まれ、あいまいな形でもアウトプットできないケースもある。そんな時は、子どもの頃に楽しんだ「連想ゲーム」を試してみよう。

## 1 手軽で簡単「連想ゲーム」

「連想ゲーム」のやり方は簡単。まず、テーマを設定したら、連想される言葉を次々につなげていくだけ。商品の販促方法を考える場合であれば、その商品から連想される物を次々に結んでいこう。

## 2 浮かんだ言葉はすべて書き出す

大切なのは真面目に考えすぎないこと。商品と直接関係がないものも、頭に浮かんだらアウトプットして構わない。

## 3 軌道修正はしない

話の展開が、どんどん変な方向に脱線しても放置する大胆さを持つこと。軌道修正ばかりしていては、思考が特定の枠の中で固定化してしまう。「連想ゲーム」では、思考を遊ばせることで、通常の思考フレームから外れた新しいアイデアや発想を生みだすことが大切なのだ。

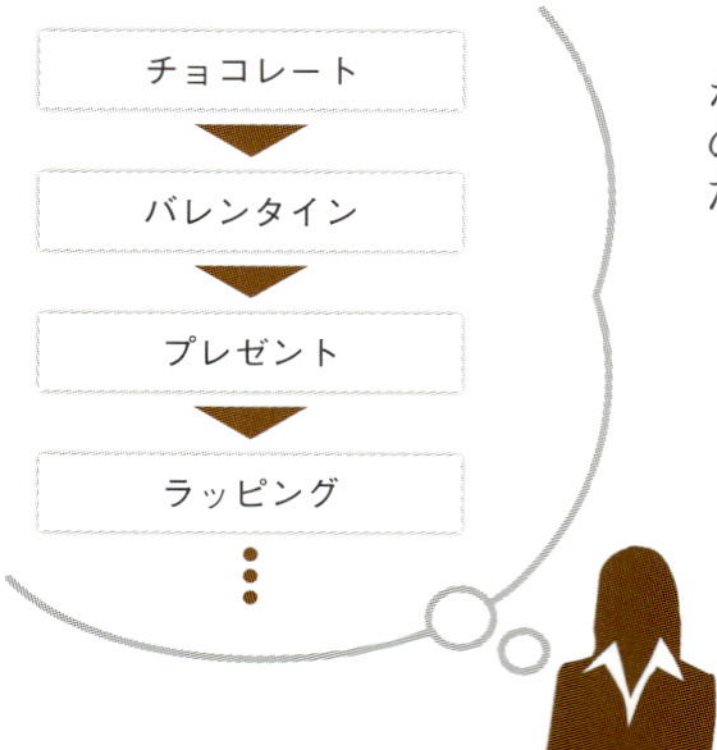

TIPS

スキルアップのコツ

# 「なぜなぜ分析」で論理的に「見える化」する

「マインドマップ」も「連想ゲーム」も、自分の中に眠っている情報やアイデアを、柔軟かつ自由にアウトプットするための方法だ。しかし、事故原因を追求したり、生産性を阻害する要因を抽出する場合には、より論理的な情報整理のアプローチのほうが有効だろう。「なぜなぜ分析」は、「なぜ?」という問いかけを繰り返す手法で、自分の中に経験知、潜在知として蓄えてきた情報・知識を引き出し、根本原因にたどり着くための方法だ。

　ポイントは、原因を具体的な行動レベルにまで遡ること。「判断ミスが多い」という問題をテーマに考えるのであれば、「判断ミスが多い」→「判断基準があいまい」→「業務内容の知識やスキルが不十分」→「○○についての業務経験がない」といった形で、具体的な対策が講じられるレベルにまで遡ろう。

▼「なぜなぜ分析」の例

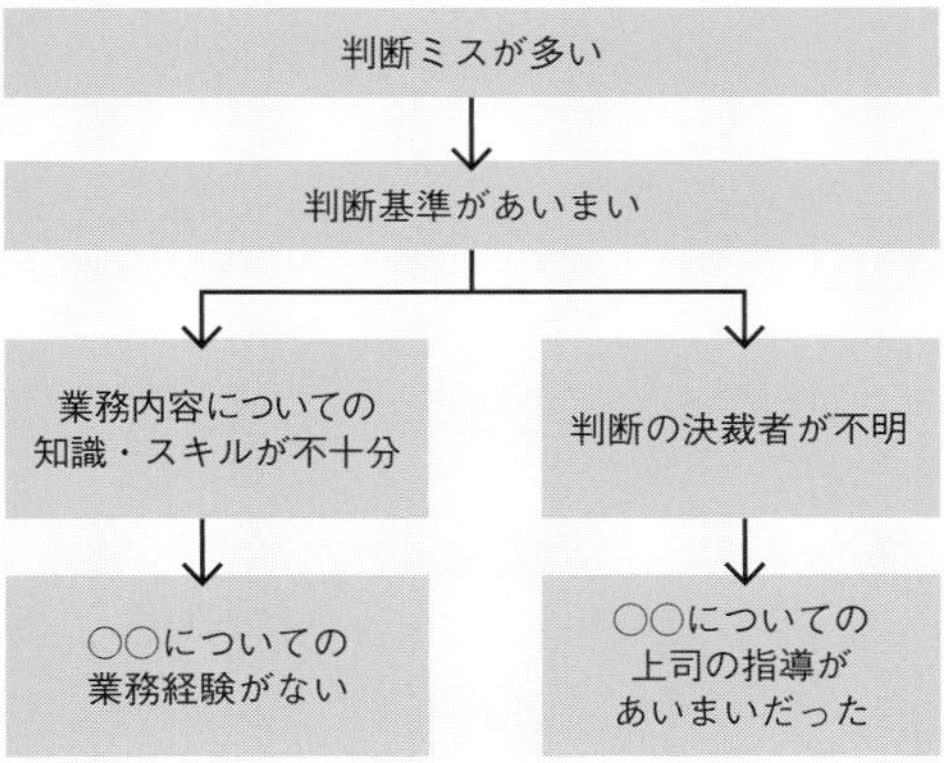

## 9 整理した情報を他者のために「見える化」する

### 他者が理解しやすいように情報を整理する

「マインドマップ」や「連想ゲーム」は、自分の中に眠っている情報やアイデアを整理する手法である。そのため、使用する紙もミスコピーの裏紙で構わないし、書き込む文字も自分が読めれば走り書きでよい。しかし仕事は、自分だけでするものではなく、多くの関係者と協働しながら行うものだ。仕事を円滑に進めようと思うなら、問題意識や情報の共有化は不可欠だし、スケジュールも共通認識を持っていくことが望ましい。

　ビジネスにおける情報整理は、単に自分の頭を整理するためだけでなく、他者に状況などを理解してもらうことを意識して行わなければならない。最近、「見える化」という言葉をよく耳にするが、誰もが理解しやすいように情報を整理することは、「見える化」の基本であり、原点でもある。

### 論理を意識した情報整理を

　前述の「なぜなぜ分析」を見てもわかるが、論理的に整理された情報は、第三者にとっても理解しやすい。情報の「見える化」を図るのであれば、自分だけが理解できる形で情報を整理する（感覚的に整理する）のではなく、情報の要点を押さえ、一定の基準を持って情報を分類するなど、論理を意識した情報整理を心掛けたい。

## 文章より箇条書きで示す

論理的に情報を整理して見せる方法の中で、最もシンプルでわかりやすいのが、要点を箇条書きにすることだ。例えば、ある問題を起こした原因が3点あることを説明しようとする場合、文章で、

> ●●を起こした原因の中で、1番目は□□□□□□□であり、次の原因は△△△△△△で、3番目は××××××…

と続けるより、

> ●●を起こした原因は、次の3点だ。
> 1. □□□□□□□
> 2. △△△△△△△
> 3. ×××××××…

と記載した方が伝わりやすい。

また箇条書きは、文章に止まらず、プレゼンや研修を行う際の「レジュメ」としても有効である。レジュメとは、発表や講義内容の要点を抜き出したもので、まずは、話の内容の柱部分を箇条書きにする。その上で、一つ一つの柱に話す主な項目を箇条書きで示していけば、ごく一般的なレジュメとして完成する。話すほうは自分の考えを整理し、説明するための道具として、聞くほうは話の順番を理解し、話す内容を受け入れるための参考資料として活用できるだろう。

### ●レジュメの例

**社内エコ推進プロジェクト**

○○部

1. 社内エコ推進プロジェクト発足について
2. 社内環境（省エネ・コピー用紙・廃棄物処理）における現状
3. 社内エコ推進運動
4. まとめ

1. 社内エコ推進プロジェクト発足について
 ・当社の CSR について
 ・社内エコ推進プロジェクトの概要とメンバー
 ・他社の取り組みと成功事例

2. 社内環境（省エネ・コピー用紙・廃棄物処理）における現状
 ・照明・空調設備の使用時間、使用量、費用について

 ・社員の意識改革のた

## フロー図やマトリクスで示す

事件が起きた経緯を説明する時には、全体の流れをフロー図で説明したほうがわかりやすい。また、今後の段取りを説明するような場合も、行動ステップをフロー図で説明すると認識の統一を図りやすくなる。

一方、物事の長所や短所といった対立する概念を、要因別に整理する場合には、縦軸・横軸による2次元のマトリクスで表すと理解されやすい。区分する軸が3種類ある場合は、3次元のマトリクスを用意しよう。

ただし、何を軸に据えるかによって、分析内容が変わってしまうので、いきなり軸を設定せず、まずは軸として立てるべき事項は何がふさわしいのかを、慎重に検討することが大切だ。

▼フロー図の例

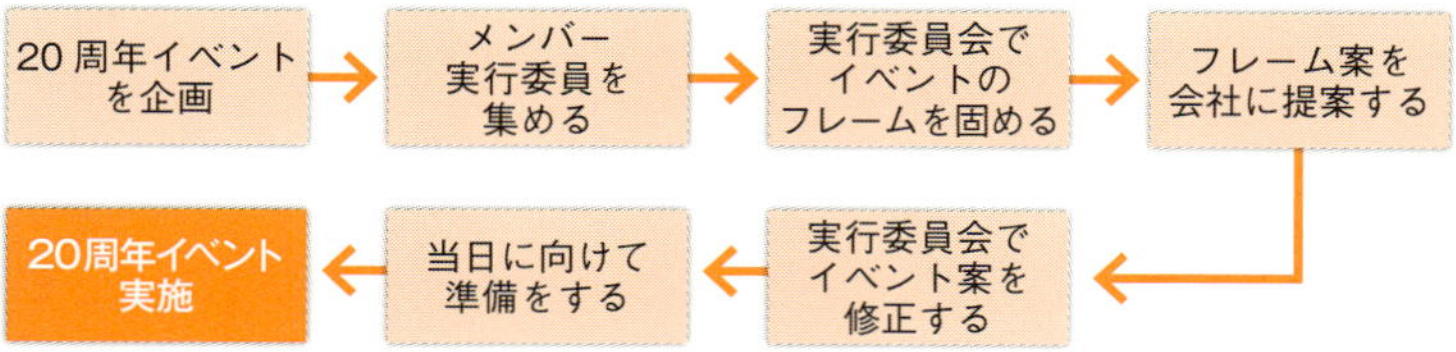


▼2次元マトリクスの例

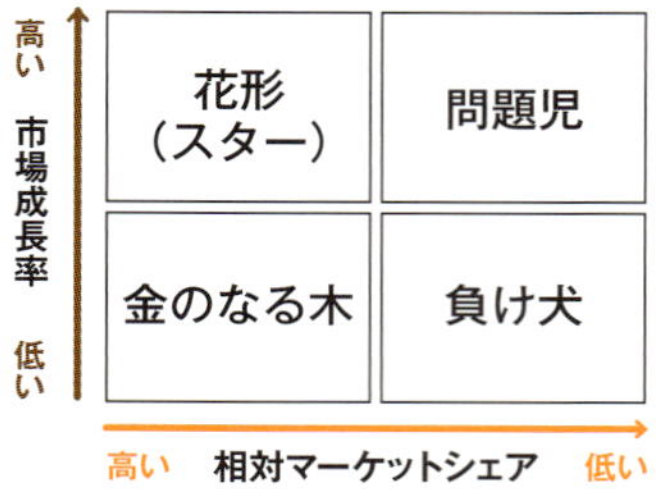


▼3次元マトリクスの例

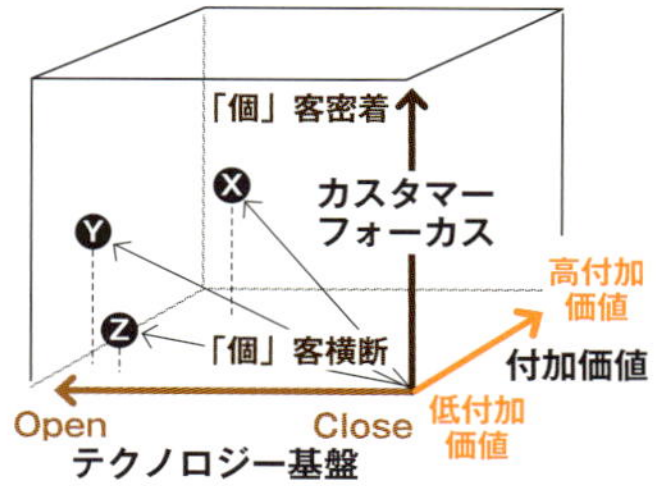

TIPS

## スキルアップのコツ

# テンプレートを活用する、作成する

ビジネスのさまざまなシーンで提出が求められる報告書。また、企画書や提案書を作成する機会も少なくない。おそらくオフィスでは、頻繁に使うビジネス文書に関しては、あらかじめテンプレートができていて、それに合わせて文書を作成することが多いだろう。実は、このテンプレートこそが、情報を「見える化」するためのポイント。共通の書式を設定することで、書くほうも情報を発信しやすくなり、読むほうも情報を受け止めやすくなる。

誰もが理解しやすい情報整理をめざすなら、オジリナリティにこだわるのではなく、社内にあるテンプレートを活用することが大切だ。また、既存の社内文書に使い勝手の悪さを感じたら、改善したテンプレートを作成し、会社に提案してみるのもいいだろう。会社全体の情報整理レベルが上がると同時に、提案者の評価も向上するに違いない。

▼テンプレート例

業務週報

○○部
主任○○○○

| 平成○○年○月○日～○月○日 | |
|---|---|
| 勤務状況 | |
| 出張 | |
| 行事 | |
| 会議 | |
| 業務 | |
| 備考 | |

| | |
|---|---|
| 次週の予定 | |

# ⑩「QC7つ道具」を活用しよう

## 品質管理は「見える化」が前提になる

日本のモノづくりが成長、進化し続けてきた背景には、徹底した品質管理の仕組みがある。自動車メーカー、電機メーカーをはじめ、多くの企業が※QCサークルを組織して品質改善活動に取り組んでおり、組織をあげた取り組みが、日本のモノづくりを支えてきたといっても過言ではないだろう。

もっとも、品質管理は声がけでできるものではない。自社の生産ラインのあり様を分析して品質管理の仕組みを構築することも重要だし、プロセスを管理する管理技術も要求される。情報の収集・整理という点でいえば、品質改善の各フローに対応し、かつ誰もが情報を共有するためのツールを用意することも重要な要素である。

現在、多くの職場では、「QC7つ道具」と呼ばれるツールを活用しながら品質改善の取り組みを推進している。QC活動は、日本のモノづくりの現場を支えてきたもので、いずれのツールも、情報を的確に整理する道具として優れた特性を持つ。また、情報を「見える化」するための道具でもあり、積極的に活用したい。「QC7つ道具」の概要を理解し、自らの業務改善、チームの業務改善に生かしていこう。

※QCサークル：同じ職場で品質管理を目的に自発的に結成されたグループ。

## ❶ 特性要因図

品質に影響を与えている要因を系統だてて整理するためのもの。その形が魚の骨に似ていることから、「フィシュボーン・チャート」とも呼ばれる。品質管理では、品質に悪（好）影響を与えた要因を整理するために活用されるが､「販売不振」や「労働時間が長い」といった問題点の原因を探るなど、品質管理以外にも広く活用できる。作成方法は次の手順によって行う。

**ステップ1** 大きめの紙を用意して、「特性（発生している問題点、現象)」と背骨の部分を記入する

**ステップ2** 「特性」に影響を与えていると思われる主な要因を、「大骨」部分に記入する

**ステップ3** 「大骨」に記載した要因を招いた要因を「中骨」に、「中骨」に影響を与えている要因を「小骨」の部分に記入し、根本原因を探っていく

**ステップ4** 仕上がった図を概観して、要因のモレがないかを確認する

**ステップ5** 抽出された要因の中で、影響度の高いものを枠で囲んで強調する（重みづけ）

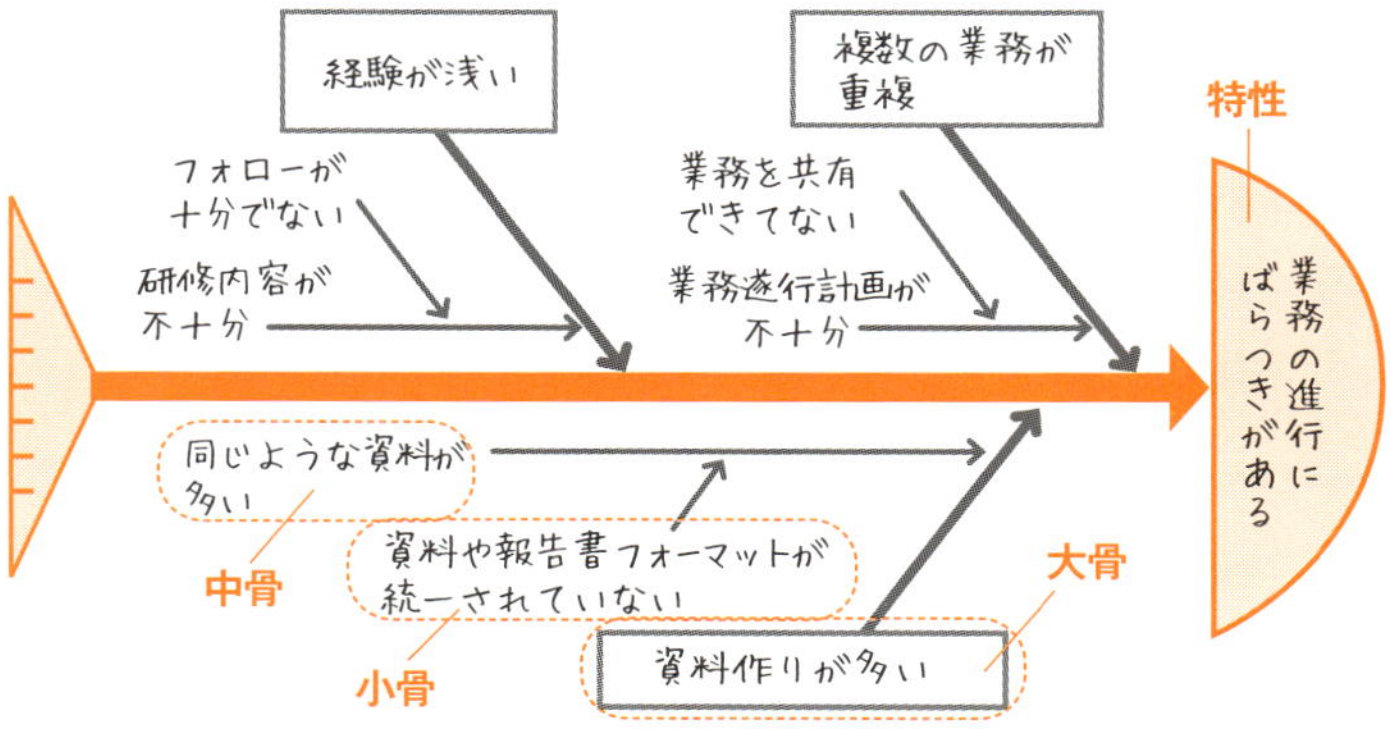

## ② チェックシート

業務課題をきちんと実行できたかを示す道具で、データを収集するときに使う。品質管理に限らず、ミス防止に効果を発揮する。

| 項目 | チェック | | | | | | | | | 件数 |
|---|---|---|---|---|---|---|---|---|---|---|
| 項目1 | 𝍸 | | | | | | | | | 5 |
| 項目2 | 𝍸 | 𝍸 | 𝍸 | 𝍸 | 𝍸 | 𝍸 | 𝍸 | 𝍸 | 𝍸 | 45 |
| 項目3 | 𝍸 | 𝍸 | 𝍸 | 𝍸 | 𝍸 | / | | | | 26 |
| 項目4 | 𝍸 | 𝍸 | / | | | | | | | 11 |
| 項目5 | 𝍸 | 𝍸 | // | | | | | | | 12 |
| 項目6 | / | | | | | | | | | 1 |
| 合計 | | | | | | | | | | 100 |

## ③ ヒストグラム

収集したデータのバラツキ状況を把握するもので、縦軸に頻度や度数を、横軸にデータの区間・階級を記載する。工場で不良が頻繁に発生したり、クレームが続いたときなどに活用する。

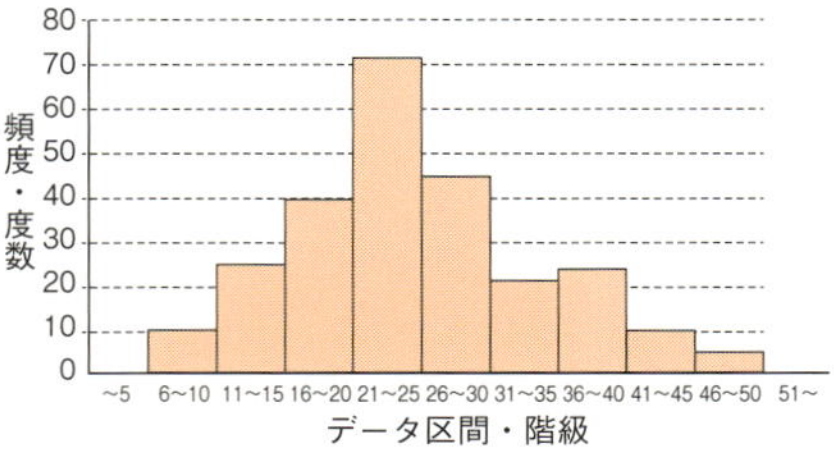


## ④ 散布図

グラフの縦軸に原因、横軸に結果を配置し、2つの要素の間に何らかの関係があるかを把握するためのグラフ。もし、2つの要素の間に関連があれば、右肩上がり（正の相関関係）、右下がり（負の相関関係）のグラフになる。原因が明確にならないときに活用する。

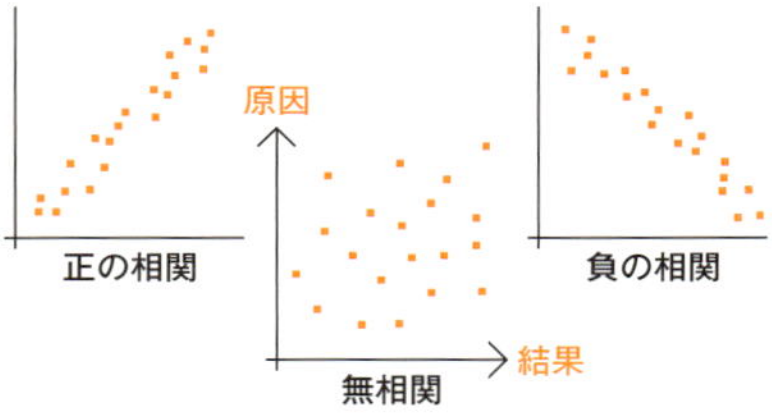

## ⑤ パレート図

問題発生の要因が複数あると考える場合に使う。次のステップで、何がもっとも影響を与えているのかを把握する。

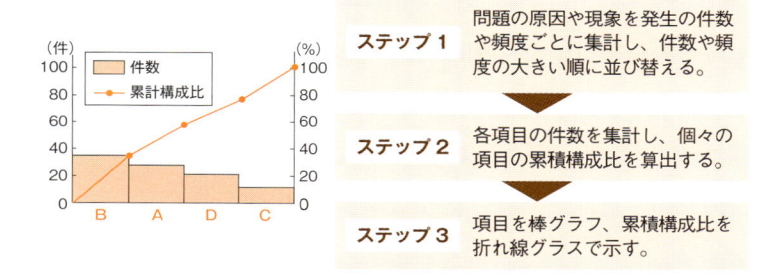

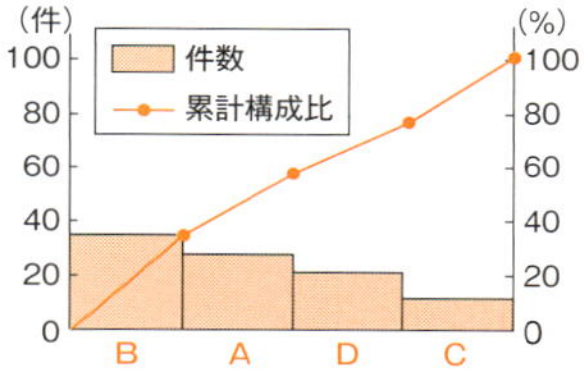


**ステップ１** 問題の原因や現象を発生の件数や頻度ごとに集計し、件数や頻度の大きい順に並び替える。

**ステップ２** 各項目の件数を集計し、個々の項目の累積構成比を算出する。

**ステップ３** 項目を棒グラフ、累積構成比を折れ線グラスで示す。

## ⑥ グラフ・管理図

さまざまなデータを視覚化したもので、比較や異常の発見に役立てる。会議などで説明資料として活用される。

**(1) 棒グラフ：**ある時点の数や量を比較する
**(2) 折れ線グラフ：**数や量の変化、時間による推移を見る
**(3) 円・帯グラフ：**データの内訳、全体に占める割合を見る
**(4) レーダー・チャート：**複数の項目間のバランスを見る

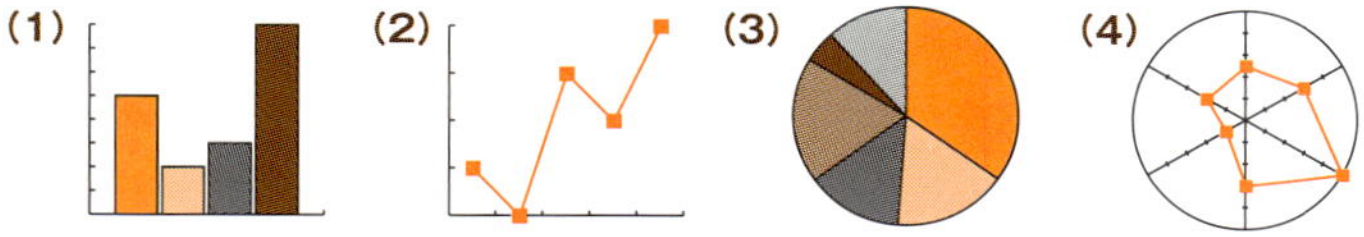


## ⑦ 層別

漠然としているデータを、特性に影響を与える項目別に分類・整理し、主要因を推察する。層別を行った後に、ヒストグラムやパレート図で分析するのが一般的。状況が混乱しているときに頭を整理するために活用する。

| 区分 | 人別 | 時間別 | 環境天候別 | 作業方法別 |
|---|---|---|---|---|
| 区分の例 | 個人、性別、年齢、職業、経験年数 | 午前、午後、昼間、夜、曜日、月、期 | 天候、気温、湿度、騒音、風、照明 | ロット、作業場所、作業人数、作業速度 |

Column

## 情報を整理する際に
# 「色」を意識しよう

情報を相手にわかりやすく示すためには、「色」にこだわるとよい。「色」には、赤、青、黄色といった「色相」と、濃さを示す「彩度」、明るさを示す「明度」の３種類があり、用途に応じて使い分けていこう。

とくに色相は重要で、寒色（青や緑）と暖色（赤や黄色）を使いこなすことで情感までを伝えることができる。また、暖色系の色は膨張、寒色系の色は収縮効果があるため、前者は後者より大きく、近く存在するように見える。ただし、色相に関しては色覚障がいの人が少なくないので配色に留意する必要がある。特に、赤と緑の区別がつかないケース、また、青と黄色の見分けがつかないケースが多いといわれており、配慮が必要だ。

なお、図表に色を使う場合は「彩度」にこだわること。基本色とその色の彩度を低くした色３～５種類を使用して作るとよいだろう。

### 効果的な色の選び方

□文字の色は黒を使う。背景が濃い場合は白ヌキにする

□濃淡のコントラストが明確であるかを確認する
（白黒コピーで確認するとわかりやすい）

□数字の補足はグラフに直接つける
（強調したい部分は、グラフの線は濃い彩度に、補足の数字も太くする）

# 第4章

# 「考える力・分析する力」を鍛える

# ① できる人は自ら問題を発見し解決する

## 問題解決には「考える力」が必要

仕事には、必ず達成・解決すべき目標や課題がある。また、仕事ができる、できないの評価も、その達成度・解決程度によって行われるのが一般的だ。「考える力」は、目標達成や問題解決のプロセスに必要とされるもので、ビジネスパーソンとして必須のスキルだ。

しかし、実際のビジネスシーンを見ていると、「考える力」が不足しているために、なかなか思うように仕事が進まないケースが多い。また、失敗を繰り返す人は、「考える」ことをないがしろにしているのではないかと思える行動をとっているのが実態だ。具体的には、次のような傾向を指摘できる。

●失敗を重ねる人の傾向

**① 問題逃避型**

「自分にはできっこない」「そんなこと言われても無理」などと言って問題解決そのものから逃げたり、諦めてしまう人

**② 根性論型**

「やれば何とかなる」「頑張りが足りないだけ」などと言って、根性論・精神論で問題解決を図ろうとする人

**③ 他者原因型**

「上司の指示が悪いから」「会社のシステムがおかしい」など、自分以外の人や仕組みのせいにして、自らは行動しない人

## 大切なのは「正しく考える」こと

目標達成や問題解決のためには、目標や問題から逃げたり、他者や制度のせいにせず、自らの課題として真摯に向き合うことが大切だ。同時に、精神論や根性論で片づけず、目の前の事象を適切に捉え、達成または解決のための具体的な方法論を考えていくことが重要である。ただし、一見、物事を深く考えていそうな人でも、誤った判断、見込み違いの行動をとることがあるので注意が必要だ。

キャリアが豊富な人は、頭の中にたくさんの知識や経験が貯蔵されている。そのため、以前と似たような課題や問題を目にすると、記憶の貯蔵庫から過去の成功ノウハウを取り出して、すぐに応用しようと考える。しかし、表面的には似た事象であっても、似て非なる事象も少なくない。過去の成功体験をそのまま応用してしまうと、問題解決どころか、問題を拡散してしまうこともある。大切なのは正しく考えること。即断せず、物事を正確に把握した上で、達成方法や解決策を考え、実践していくことが重要だ。

●問題解決における判断パターン

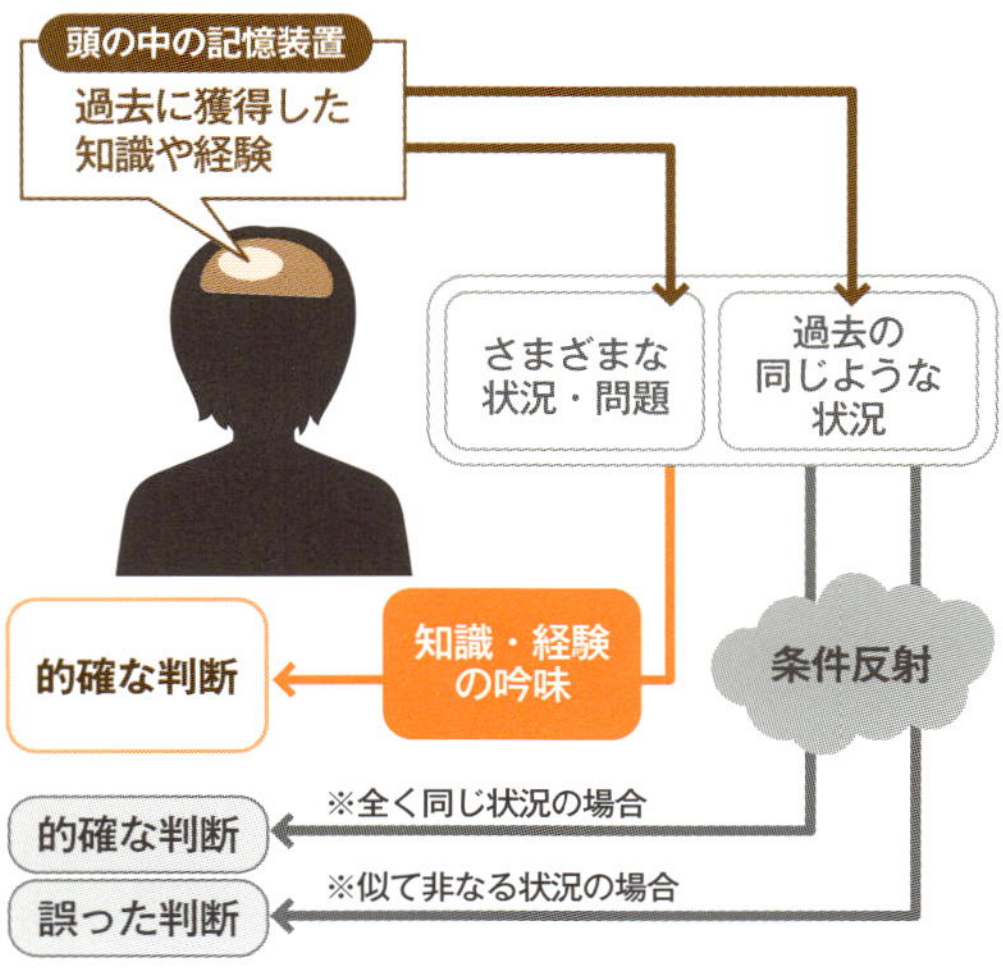

ここがポイント!

## 課題を発見できなければ解決できない

問題の解決策を講じるには、まず何が課題なのかを明確にする必要がある。また、それ以前に、問題が存在していることに気づく必要がある。ただし、同じ現象を目の前にしても敏感に問題を発見できる人と、見過ごしてしまう人が存在し、それがその後のプロセスや結果に大きな影響を与える。

### ❶ あるべき姿を知っている

問題とは、あるべき姿と現状とのギャップのこと。問題を発見するためには、本来どうあるべきなのかを知っていなければならない

### ❷ 問題は２種類ある

あるべき姿には、最低限こうあるべき基準と、こうありたいと思う基準とがある。まずは最低限の基準とのギャップを埋め、次に理想とのギャップを埋めるために努力していくことが望ましい

### ❸ 問題は具体的に把握する

「売上目標に対して今の売上高がいくら足りない」といった具合に、問題は数字や具体的な行動レベルにまで落とし込んで把握する

### ❹ 固定観念を捨てる

固定観念で物事を見ると偏った事実しか目に入らない。数字の偏りや実際に起きている事実を多角的に取り出すことが大切

### ❺ 結論を急がない

思い込みエラーを避けるためにも、結論を急がず問題点の抽出、課題の整理に集中する

スキルアップのコツ

# 問題点を課題に置き換える

問題を問題として捉えたままでは、解決までのストーリーを描けない。例えば、「クレームが前月比で15%増えている」という問題が抽出されたら、「どの商品にクレームが多く発生しているのか調べる」「クレームが起きている地域を特定する」「クレームの拡大を防止する施策を検討する」といった、解決へ向けた課題を設定する必要がある。

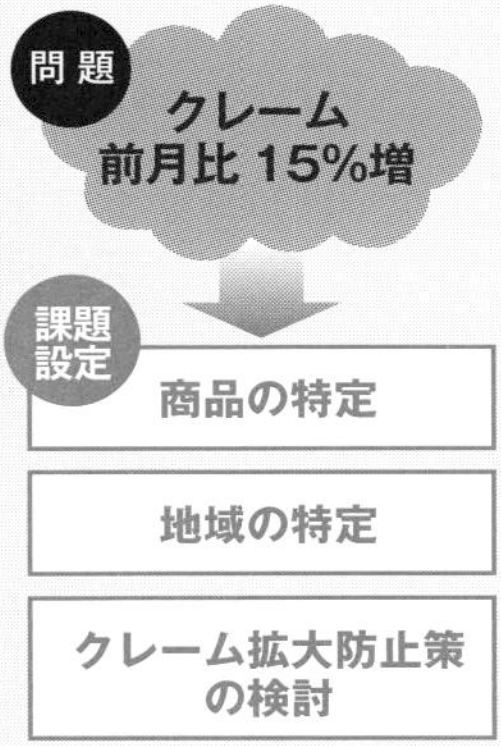


同時に、挙げられた課題に優先順位をつけることも大切だ。限られた時間、限られた経営資源（人、物、金、情報など）ですべての課題に対して均等に対応していくことは容易ではない。何が優先順位の高い課題なのかを明らかにして、その課題に割く経営資源を決定する必要がある。

▼優先順位の判断基準

- **重要度**
  課題に取り組んだ時の効果や影響度を考える
- **緊急度**
  課題に取り組まなければいけない切実度を考える
- **拡大傾向**
  課題に取り組まなかった場合の拡大度合、影響度を考える

# ②「問題」を発生させた原因を探る・１
## ～状況を整理して問題を探る～

### 正確な状況把握が出発点

問題が発生すると、問題の発生に動揺し、「どうしたらいいんだ」とうろたえがちだ。しかし、動揺していても事態は改善しないし、放置しておくと状況はさらに悪化する。**問題を解決する上で重要なのは、感情をコントロールした上で、「何が、どうした」を的確に把握すること。**目の前に起きている状況を整理することが出発点になる。特に、メンバーと事態を共有して対処する場合は、事実関係を整理し、今起きている状況をみんながわかる言葉で説明しなければならない。具体的には、究明の対象であるＷｈｙを除く４Ｗ１Ｈで事実関係を整理することが必要だ。

**例**

| | |
|---|---|
| When（いつ） | ４、５月の２ヶ月／ランチタイム |
| Where（どこで） | 和風レストラン○○店 |
| Who（誰が） | ビジネスマンを中心に |
| What（何を） | クレームを言った |
| How（どのような） | 料理の提供が遅い！ |

## 起きなかった事象と比較する

火のない所に煙は立たない。同様に、問題の裏には必ず問題を引き起こす原因が隠れている。問題を解決し、あるべき姿に近づくためには、問題を引き起こした原因を抽出し、その解消に努めなければならない。

しかし、原因を単なる推測や安易な考察で導いてしまうと、問題解決に至らないどころか、問題を拡大することにもなりかねない。原因究明は、問題解決の肝であることを認識し、徹底して行うことを心掛けよう。

具体的には、発生した事実と、発生してもおかしくないのに発生しなかった事実を列挙する。その上で、両社の違いに着目しながら原因となるものを推察していくことが望まれる。

●発生したケースと発生しなかったケースを比較する

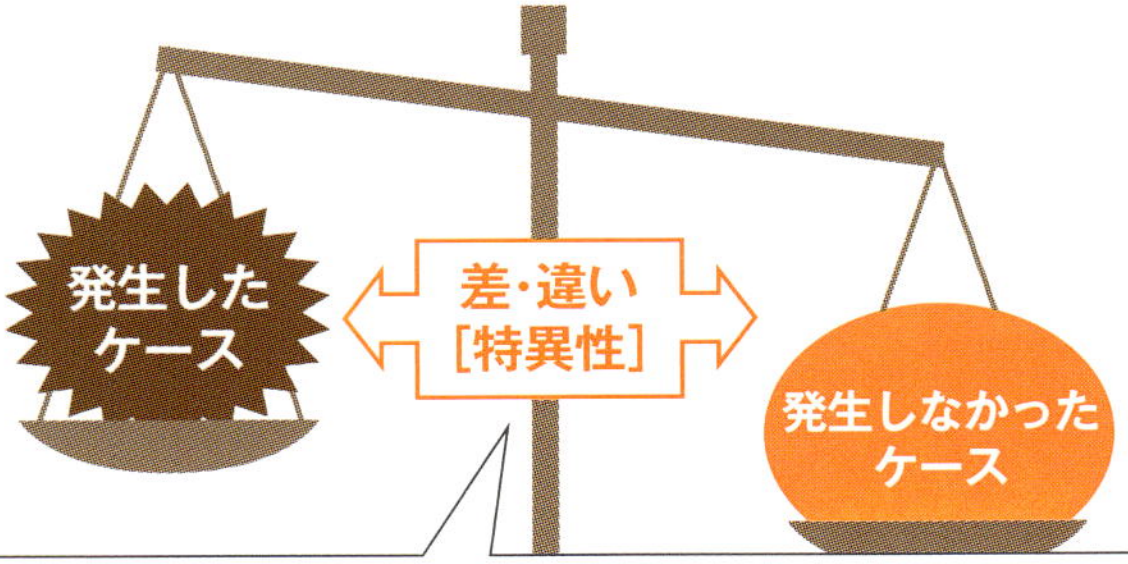


| | |
|---|---|
| When(いつ) | 同じ店でクレームが発生しなかった月はあるか？ |
| Where(どこで) | 同じ和食チェーンでクレームが発生しなかった店舗はあるか？ |
| Who（誰が） | 料理の提供が遅いのにクレームを言わなかったお客様はいるか？ |
| What（何を） | —— |
| How(どのような) | クレーム発生の件数の推移（増えているのか、減っているのか)、発生パターンは（時間帯などの特徴はあるのか）？ |

ここがポイント!

# 似た者同士の中から相違点を探し出す

問題が発生した事実と、同様の問題が発生してもおかしくなかったのに発生しなかった事実を比較することで、さまざまな相違点が浮かび上がってくる。問題を起こす要因は、そうした相違点の中に存在しており、２つの事実を徹底して分析することが大切だ。

## 1 似た条件を持つものと比較する

比較の対象は、なるべく類似点が多いケースを選ぶのがコツ。前述の例でいえば、店舗規模や客層などが重なっている店舗を探し出す。また、収集する情報（データ）は、可能な限り多くとる。発生した問題が深刻であればあるほど収集データを増やし、徹底して原因を究明しよう。

## 2 着目する特異性を絞り込む

「特異性」を見い出すことは、原因究明のための第一歩。左ページの例でいえば、「A店の料理長が3月実施のキッチン研修会に不参加」であったこと、「4月でベテランのパート社員が退職し、新入社員が加入」という特異性が、クレームの温床になっていると推測される。

しかし、「クレームを言われた顧客から私用の携帯電話の番号を教えるように言われた」という特異性は微妙だ。携帯電話のやりとりでクレームが拡大した可能性は捨てきれないが、クレームそのものの原因とは考えにくい。特異性の中には、相違点であっても、事態に影響をもたらさないものもあるので注意が必要だ。「何の問題について原因を究明しようとしているのか」という原点に立ち戻ることがポイントだ。

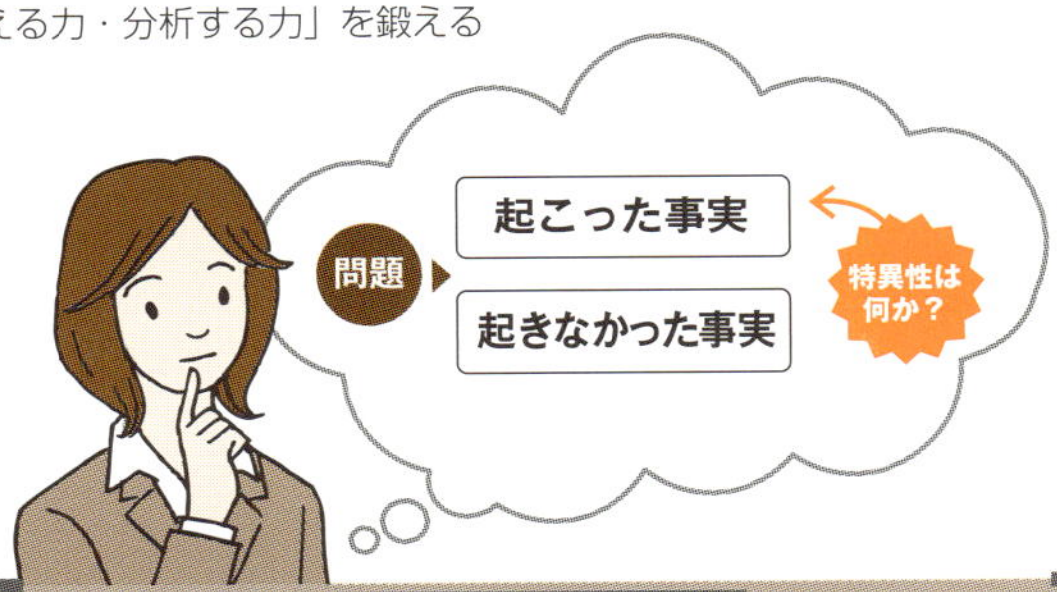


| | 起こった事実 | 起きなかった事実 | 特異性 |
|---|---|---|---|
| When（いつ） | ４～５月も<br>継続<br>ランチタイム | ３月までに<br>解消 | ・Ａ店の料理長が３月実施のキッチン研修会に不参加<br>・４月でベテランのパート社員が退職。新入社員が加入 |
| Where（どこで） | 和風レストラン<br>Ａ店 | 和風レストラン<br>Ｂ店 | — |
| Who（誰が） | 会社員の<br>お客様が中心 | すべてのお客様<br>お客様が | — |
| What（何を） | クレームを<br>言われた | クレームは<br>ない | クレームを言われた顧客から私用の携帯電話の番号を教えるように言われた |
| How（どのような） | 料理提供が遅い | ３月までは増加<br>４月から減少 | ４月より５月のほうがクレームが増加 |

# ③「問題」を発生させた原因を探る・2 ～変化に着目する～

## 「変化」がある時は問題も発生しやすい

ミスやトラブルは、新しいものを始めたり、導入したりした直後に起こりやすい。生産管理の仕組みを変えた、新しい機械を導入した、組織再編が行われた…。こうした状況の変化があると、以前と同じやり方ではスムーズな業務遂行が困難になり、うっかりミスや不慣れさに起因する問題が発生する。前項で取り上げた例でいえば、「4月でベテランのパート社員が退職し、新入社員が加入」という特異性は、まさに組織・人事上の変化であり、問題を発生しやすい項目だ。

問題の原因を探求する際には、最近の業務状況や取り巻く環境の変化に着目し、関連した情報（データ）を収集してみることが大切だ。

具体的には、次のような点に注意して変化に関する情報を収集しよう。

- □最近、業務の仕組みやフローを変更したことはないか
- □最近、組織変更や人事異動などの変化はなかったか
- □最近、取引先や協力会社の環境に変化はなかったか
- □最近、何か中止されたり廃止されたりしたものはなかったか
- □最近、新しい機器や道具が導入されなかったか　など

## 数字の「変化」にも注目しよう

仕事に数字はつきものだ。営業職であれば、売上、利益に関する数値はもとより、受注した商品の数や納品までのスケジュールなど、さまざまな数字に囲まれながら仕事をしている。また、生産職でも生産計画を立てたり、在庫を管理する時に数字を活用して管理レベルを向上させている。問題を発生させた原因を究明しようと思うなら、状況の変化だけに止まらず、実際の数字の変化にも注目し、通常とは異なる値を示している数字はないかを確認する必要がある。

ただし、数字ばかりを追っていると、数字が変化していることに気づけても、その数字が異常であるか否かを判断するのが困難になる。例えば、売上高の推移を見る場合、日商データの推移を追いかけてしまうと、その日に起きた出来事と実際の数字を結びつけることはできても、全体の傾向を把握するのは難しい。むしろ、前年同期の数字と比較したり、同規模の他店のデータと比較するなどして、数字そのものが意味することを把握することが大切だろう。

## ここがポイント!

# 「人」の変化にも着目しよう

問題を発生させた原因を探るためには、状況や数字の変化に着目するとよい。しかし、それ以上に、着目したい変化は、その業務に関わるメンバーの変化。仕事は人が遂行するものである以上、取り組み姿勢や行動パターンに変化がないかに着目することで、問題を発生させた原因を推測することができる。

### 1 メンバーの業務と数字の変化に着目する

最近、営業担当者が社内にいることが多くなったなどメンバーの行動が変化したときには、問題が発生している可能性がある。顧客の訪問回数の減少＝営業機会の減少かもしれないと認識し、実際の売上や収益データと照合しよう。

### 2 メンバーのモチベーションの変化に着目する

率先して挨拶をする人が挨拶をしなくなったり、メンバーに覇気が感じられないときは、何らかのトラブルが発生している可能性が大きい。メンバーの表情、しぐさなどに着目し、モチベーションの向上に努めよう。

### 3 メンバーの人間関係の変化に着目する

いつもなら一緒に昼食をとっていた2人が、バラバラに食事に行くようになり、メンバー間の情報共有にモレが多くなっているようなときは、人間関係に軋轢が生じている可能性がある。仕事は協働作業であり、人間関係が崩れると仕事上のミスやトラブルにつながりやすい。メンバーの人間関係の変化にも着目しよう。

TIPS

スキルアップのコツ

# 「細分化思考」で解決策を導く

状況の変化も数字の変化も特にないが、何かがおかしいという漠然とした気持ちになることがある。また、原因がよくわからないが、急に受注がキャンセルになったり、上司との人間関係がうまくいかなくなったというケースも起こり得る。そういう漠然とした状況で原因を整理するときには、「細分化思考」を活用するとよい。

　細分化思考とは、その名の通り、物事を細かく細分化していく方法。例えば、「急なキャンセル」が発生した場合であれば、キャンセルに至るまでのプロセスで発生したこと（『何がよくて』『何が悪かったのか』）を抜き出していく。大枠で捉えるのではなく、可能な限り細分化していくことで、相手に不平不満を与えてしまった要因が抽出される。また、問題に気づくことで、まだまだ交渉の余地があることを発見できるかもしれない。

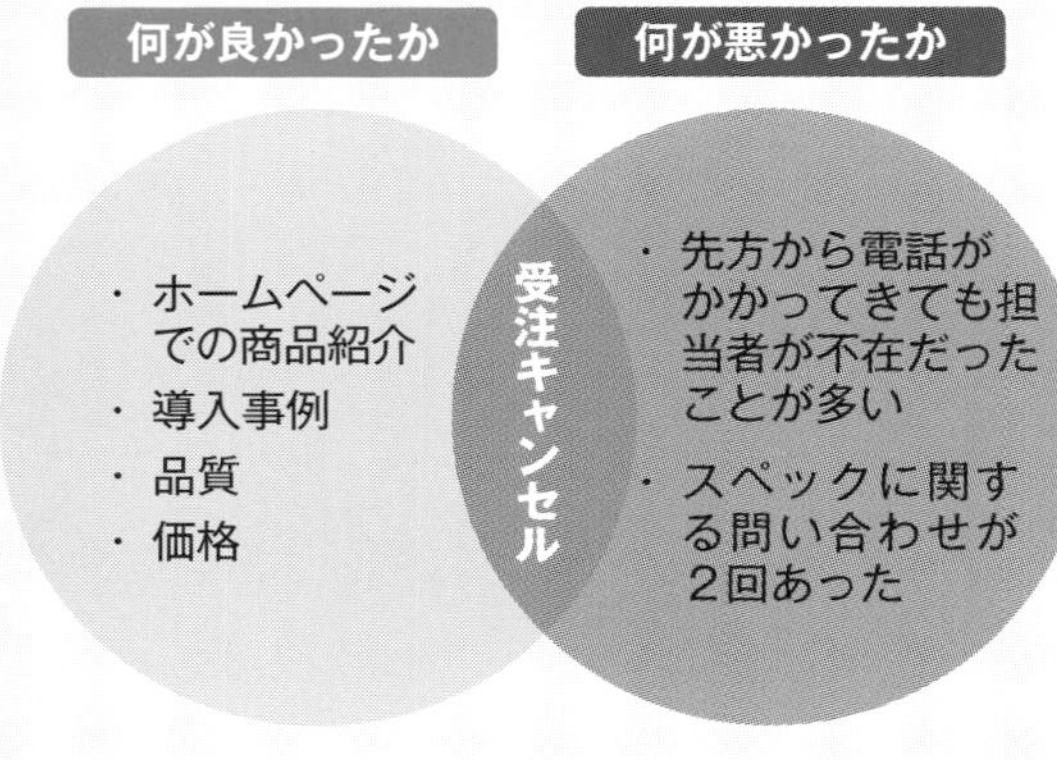

# ④ 原因を探求するために フレームワークを活用する

## フレームワーク＝考えるための技術

フレームワークという言葉がある。コンピュータのプログラミング用語として使われることもあるが（ソフトウェアフレームワーク）、ビジネスの世界では、経営戦略や業務改善、問題解決に役立つ思考技術のことを（ビジネス）フレームワークと称している。フレームワークを活用することで、ビジネスに必要な思考力や発想力を向上させることが可能であり、できるビジネスパーソンは、自然な形でフレームワークを使いこなしている人が少なくない。まずは、原因を探求したり、問題を掘り下げていく際のフレームワークについて理解を進めよう。

## ロジックツリーで根本原因を探る

ロジックツリーは、問題を起こした根本原因を探索するために使われるフレームワークとして有名だ。根本原因に向かって論理を掘り下げながら、樹形図の形でまとめていく思考技術で、さまざまな業務課題での原因探究に使われている。

ロジックツリーが、問題解決、原因究明のフレームワークとして優れているのは、上位の階層から下位の階層に向かって掘り下げていく過程を可視化できることである。樹形図の形で体系化することで、問題点や原因として考えられるものの全体像が把握しやすくなる。また、原因の特定が誤りであった場合でも、他の原因も列挙されているので、次の対策を講じやすいという特徴もある。

その他、プレゼンなどで提案内容を説明する際に活用するのも効果的だ。なぜならば、樹形図によって企画に至ったプロセスを提案でき、企画内容が論理的に整理されたものであることを訴求できるからだ。あわせて、提案者の熱意や誠意もアピールできる。

ロジックツリーのもう1つのメリットは、**階層を明確にすることで、議論の土俵を明確にできる**という点にある。複数の人間で議論していると、各自が自分の土俵（階層）で意見を述べるために議論がかみ合わなくなることがある。しかし、ロジックツリーで全体像を明示しておけば、今、どの部分（階層）に焦点を当てて議論をしているのかが明確になり、議論の流れもスムーズになるだろう。

●ロジックツリーの例

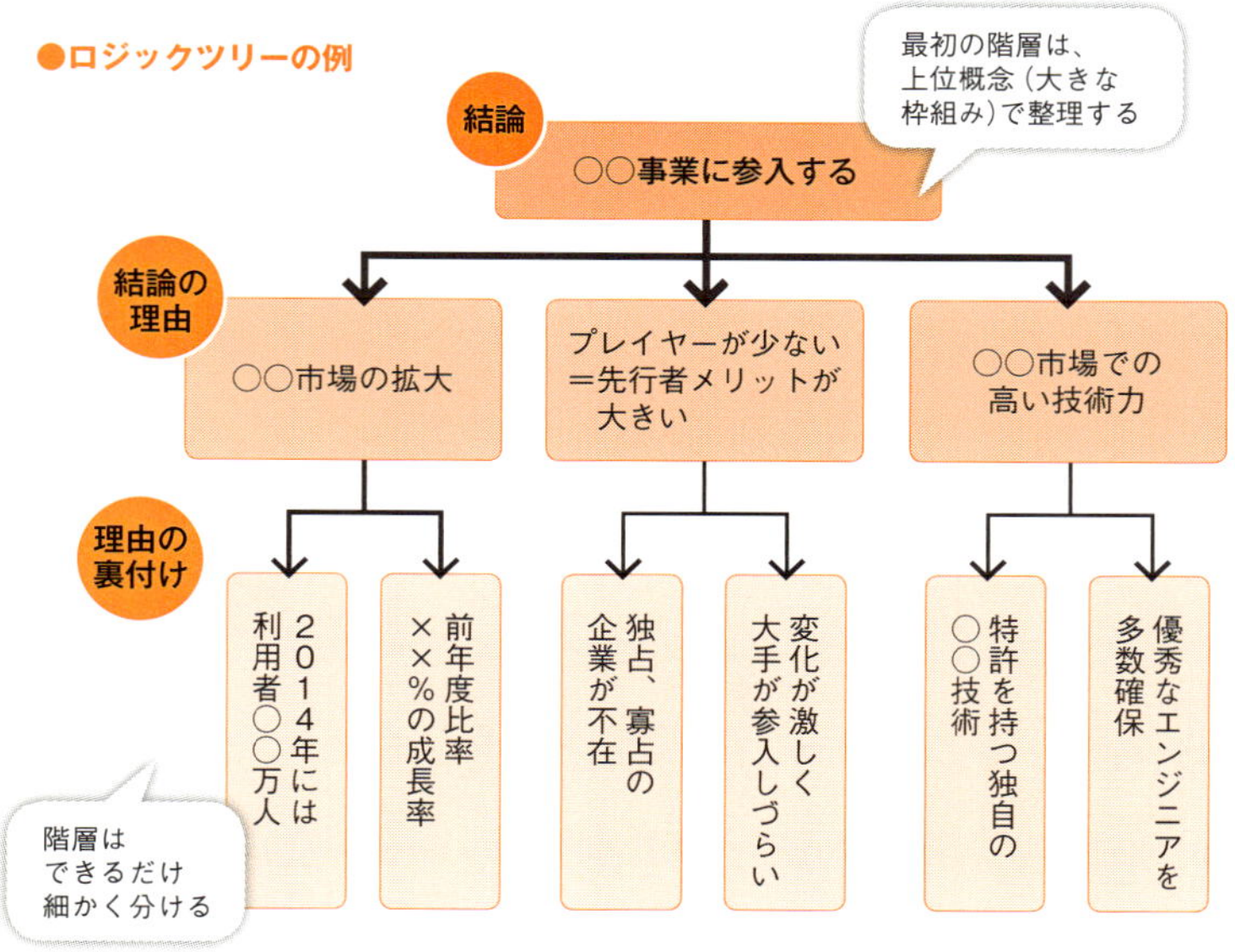

ここがポイント!

## 「なぜなぜ」を5回繰り返して掘り下げる

トヨタ自動車が品質管理で活用している手法として有名な「なぜなぜ分析」は、ロジックツリーをベースにしたものだ。真の原因究明のためには、最低5回は「なぜ」を繰り返すことが大切であり、根本的な問題解決をめざすなら、トヨタ流「なぜなぜ分析」を活用してみるとよいだろう。

「顧客との打ち合わせ時間を間違えた」という事象があったとする。そして、その最初の「なぜ」の回答が「日付と曜日を勘違いしていた」というものだったとすると、次の「なぜ」では、なぜ勘違いしたのかという問いが発生し、「手帳に記載せず記憶に頼ってしまった」という答えが抽出される。

　こうして「なぜ」を繰り返し、最後には「手帳によってＰＤＣＡを回すことの意義を誰も教えていない」という回答にたどりつく。

「なぜなぜ分析」は、問題解決の原因や対策を追求していく上で有効な方法だ。ただし、気をつけないと、どんな問題も最後は、「本人の意識」か「運営の仕組み」に帰結してしまう。そんな場合は、第3階層や第4階層で挙げられた回答を吟味し、より重要な原因や、効果のある方法を選択しよう。

打ち合わせ時間を間違えた

▼

日付と曜日を勘違いしていた

▼

手帳に記載せず記憶に頼ってしまった

▼

手帳に記載することが習慣になっていない

▼

手帳をつけることの意味を理解できていない

▼

手帳によってPDCAを回すことの意義を誰も教えていない

スキルアップのコツ

# ピラミッドストラクチャーで論理を展開

ロジックツリーは原因究明のように、課題を設定して、その背景にあるものを細部にわたって詰めていくのに効果的だ。しかし、「具体的なアイデアはあるが、どのように生かせばいいのかわからない」といった場合には、下位概念から上位概念に理論を展開するピラミッドストラクチャーを活用しよう。過去の経験や成功談・失敗談からスタートするピラミッドストラクチャーは話が具体的で、業務に携わるメンバー間でイメージを共有しやすい。例えば、ある商品の売上を向上させるための方策を講じるのであれば、まず過去に取り組んだことを列挙し、それらは何を目的にした施策であったのか、その施策は売上を向上するという目標達成の中で、どのようなウエイトを占めるものなのかを整理していく。そうした具体的な事例をもとに立てられた戦略はメンバーの共感を呼び、現実的な施策展開を可能にするだろう。

▼ピラミッドストラクチャーの例

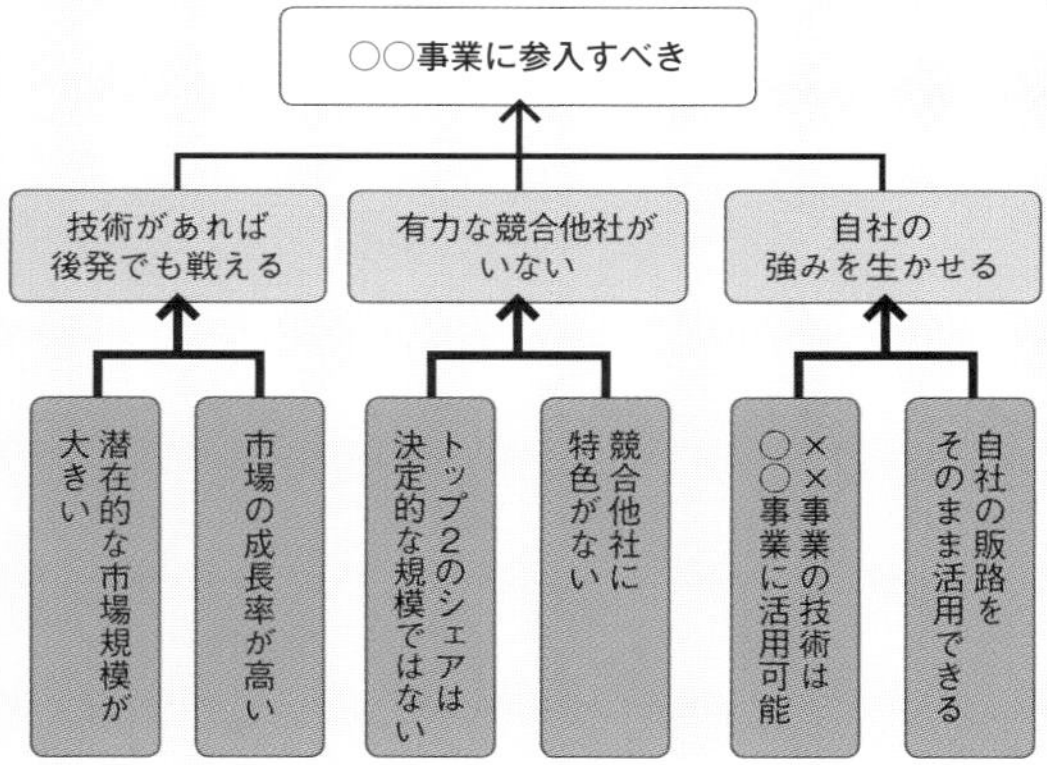
○○事業に参入すべき
技術があれば後発でも戦える
有力な競合他社がいない
自社の強みを生かせる
潜在的な市場規模が大きい
市場の成長率が高い
トップ2のシェアは決定的な規模ではない
競合他社に特色がない
××事業の技術は○○事業に活用可能
自社の販路をそのまま活用できる

# ⑤「ＭＥＣＥ」でモレとダブリをなくそう

## ☑ロジカルシンキングの基本

「ＭＥＣＥ《ミーシー》」は、Mutually Exclusive and Collectively Exhaustive の頭文字をとった言葉で、「重複がなく、不足がない」状態を表している。問題が発生した原因を探求するためにロジックツリーで論理を展開したとしても、その項目に重複やモレがあったら意味がない。ＭＥＣＥは、ロジカルに物事を考える際に併用していく思考法であり、さまざまな要因を分類・整理する時のベースとなる考え方だ。

例えば、人間を20〜50歳代の人と60歳以上の人に分けたとする。そこには何の重複もモレもない。つまり、ＭＥＣＥな分類として位置づけることができる。しかし、同じ層を会社員と学生、主婦に分類しようとすると、重複（会社員であって主婦でもあるケース、学生であって主婦でもあるケース）とモレ（無職、フリーターなど）が存在し、ＭＥＣＥではない分類を行っていることになる。その結果、分析した結果も穴だらけのものになり、分析事態が意味を持たなくなってしまう。

問題の背後に隠されている原因を探求する時に限らず、さまざまな要素を正しく分類するためには、ＭＥＣＥであることが必要だ。ＭＥＣＥであることが、ロジカルシンキングの基本であることを認識しよう。

**MECEになっている**

**成人女性を年齢で区分けする**

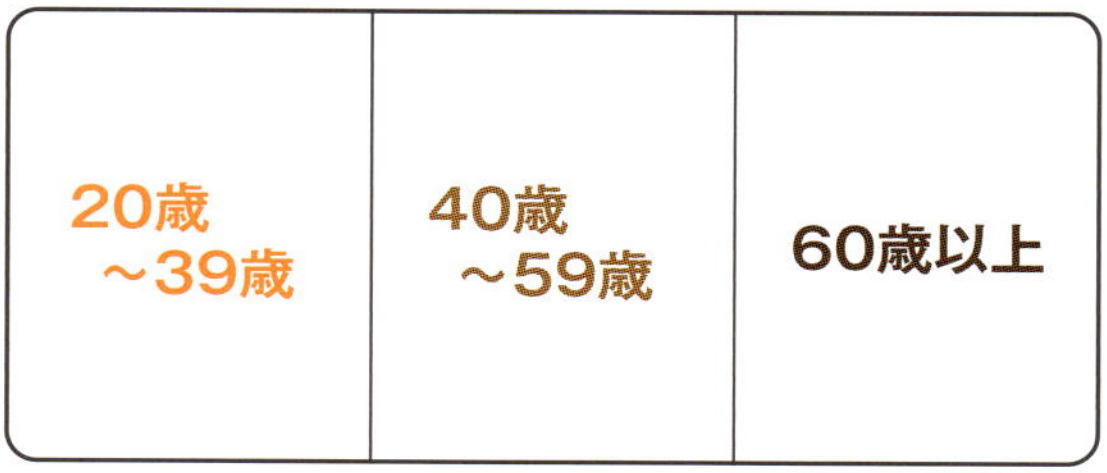


20～39歳、40～59歳、60歳以上は重複しておらず、かつ、すべて合わせることで成人女性全体になる

**MECEになっていない**

**成人女性を職業で分ける**

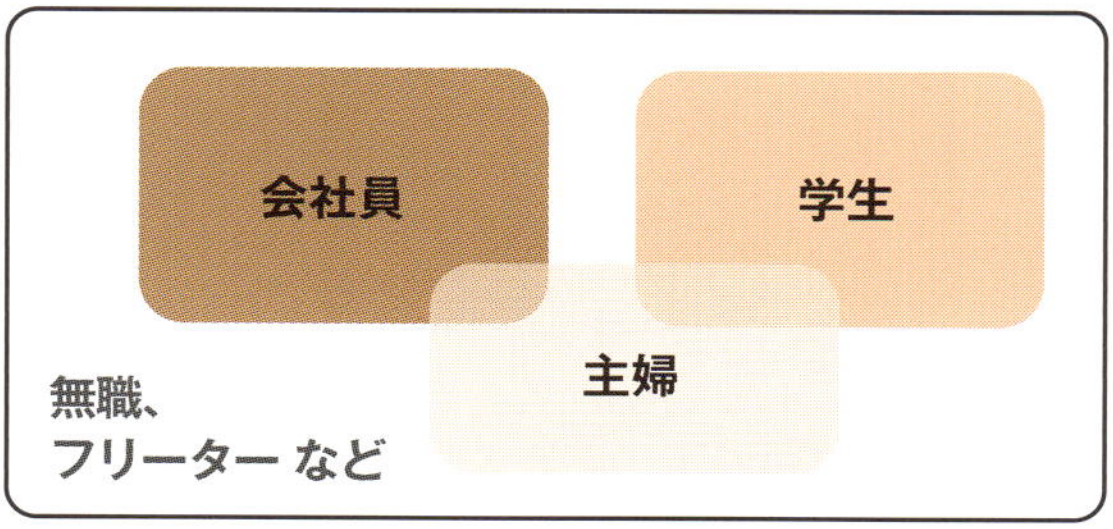


会社員と学生は、主婦である場合もあるため重複する。また、無職やフリーターの成人女性もいるため、この３分類ではモレがある

ここがポイント!

## その他、以上、以下に注意する

ＭＥＣＥな分類をすることの重要性は理解できても、情報をどのように分類していくべきか迷うことがある。特に、前述した世代ごとの特性を分析するような場合、何歳ごとに区切っていくべきか、また、何歳以上、何歳以下の基準をどうするかによって、分析の精度が変わってくるので注意が必要だ。

基本的に、「その他」や「以上」「以下」といった範囲指定の項目を入れる場合、全体に占める割合が大きくならないように注意しよう。より正確な分析を行うためには、情報を分類する基準を細分化していくことが望ましいからだ。

なお、分類の仕方が妥当か否か（ＭＥＣＥであるか否か）を判別する場合は、実際にいろいろなケースを想定して当てはめていけばいい。２つ以上の分類に入る情報があったら重複があり、どこにも分類されない情報があったらモレがあるということである。

### 「その他」の項目が全体の中で大きな割合を占めてしまった例

**アンケート**

質問）この商品をどこで知りましたか

回答）①新聞・雑誌

②テレビ

③ラジオ

④その他（　　　）

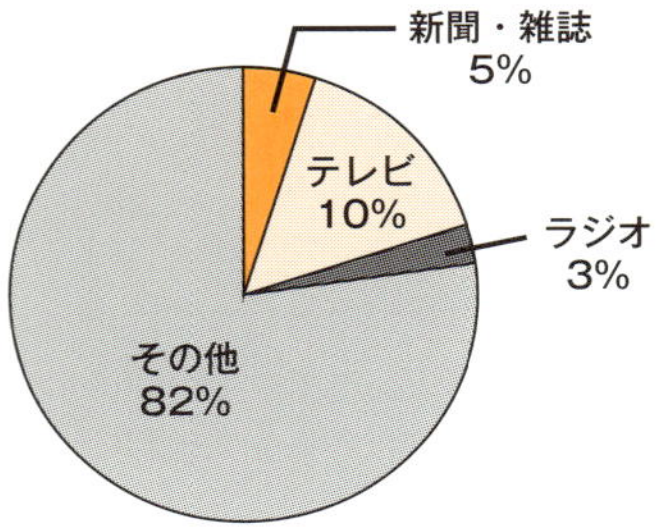


「その他」には、友人、家族、インターネットなどが含まれており、この場合、回答の項目をより分類する必要があった

スキルアップのコツ

# 「切り口」の設定が最大のポイント

　MECEなロジックを展開する上で最大のポイントになるのが、どんな「切り口」を設定するかということ。前述のケースでいえば、「年齢」という明確な切り口を設定したためにMECEは成立し、「職業」と「学生」という明確に区別できない切り口を設定したことが間違いのもとだといえる。

　したがって、MECEを使いこなしていくためは、どのようなケースでどんな切り口を設定しておけばいいかを事前に知っておくことが重要。

　例えば、モノづくりの現場であれば、「機能」「工程」「場所」などを切り口にして分類すれば、MECEな思考が可能となり、的確な問題解決や製品開発につなげることができるようになる。

**モノづくりならこんな分類を**

- 機能で分類：商品に必要な機能、あってはいけない機能で分類
- 工程で分類：原材料を仕入れる工程から商品を廃棄するまでの工程・時間で分類
- 空間で分類：モノづくりを行う場所、問題を発生させる箇所で分類

**マーケティングならこんな分類を**

- 製品で分類：取扱商品別に分類
- 価格で分類：商品の価格帯で分類
- チャネルで分類：流通経路で分類
- 販売促進策で分類：メディア、店頭販売、販促施策などで分類

# ⑥「強み」と「弱み」を分析する

## 多様な選択肢の中から解決策を選択する

問題の発生に気づき、問題発生の原因を整理したら、次は問題を解決するためのステップに入る。しかし、特定の問題に対して解決策が1つとは限らない。実際には、さまざまな解決策が考えられるし、どの解決策を採用すればいいのか選択に苦しむケースが少なくないのが実情だ。

「ＳＷＯＴ分析」は、そうした多様な選択肢の中から、最も有効で、効率的な施策を選択するときに活用するフレームワークで、下記の4つのカテゴリーを整理・分析することで施策を導いていく（ＳＷＯＴ分析は、4つのカテゴリーの頭文字をとったもの）。

1. 企業が持つ強み（Strength）
2. 企業が抱えている弱み（Weakness）
3. 事業を拡大する上での機会（Opportunity）
4. 事業を拡大する上での脅威（Threat）

ＳＷＯＴ分析は、１９２０年代にハーバードビジネススクールで開発されたもので、現在も多くの企業・団体・個人が具体的な戦略立案を行う際に活用している。

## 4つの質問に答えながら戦略を立てる

ＳＷＯＴ分析のやり方は、いたってシンプルだ。まずは、自分（自社）の強み、弱み、

**機会、脅威の4つの要素を思いつくままに記載すればいい。**

例えば、「新製品の販売増」という課題が与えられたとしたら、新製品の強みがどこにあるかを、機能や価格、販路などを軸に思いつくまま挙げていく。また、弱みについても同様の切り口で抽出し、新製品についての特性を洗いざらい整理してみることが大切だ。外部環境である機会や脅威についても同様の手法で抽出し、4つのカテゴリーのすべての抽出作業が終わったら、次の4つの質問に答えながら、自分（自社）がなすべき戦略課題を整理することが基本になる。

**Q1.** あなたは、どのように自分(自社)の強みを生かしますか?

**Q2.** あなたは、どのように自分(自社)の弱さを克服しますか?

**Q3.** あなたは、どのように周囲にある機会(チャンス)を活用しますか?

**Q4.** あなたは、どのように周囲にある脅威(ピンチ)を取り除きますか?

● **SWOT分析**

| | 内部環境 | 外部環境 |
|---|---|---|
| プラス面 | **強み Strength**<br>高い品質力、確実な情報共有など | **機会 Opportunity**<br>景気上昇、技術革新など |
| マイナス面 | **弱み Weakness**<br>人材の高齢化、利益の低下など | **脅威 Threat**<br>海外企業の参入、景気の悪化など |

ここがポイント!

## 内部環境、外部環境を明確にする

ＳＷＯＴ分析は、内部環境（強み・弱み）と、外部環境（機会・脅威）を明確に区分することがポイントになる。しかし、キャリアが浅かったり知識が不足していると、重要な強み、弱みを見逃してしまうことがある。具体的にどのような要素が内部環境、外部環境に属するのかを理解しておこう。

### ❶ 内部環境

自分、企業そのものの力。企業でいえば、人材、財務、商品、技術、マーケティング力などが該当する

**強 み**　技術力が高い、ブランド力がある、企画力に優れている、人材の質が高いなど

**弱 み**　財務体質が悪化している、人材が高齢化している、営業力が弱いなど

**注意点**　「強み／弱み」は絶対的なものではなく、他者（他社）と比較した場合の相対的な評価にすぎない。したがって、競合他社が新たに知名度を向上させる戦略をとってきた場合、強みとして「ブランド力がある」ことを挙げることはできない

### ❷ 外部環境

自分、企業を取り巻く環境。企業でいえば、経済状況、法規制、競合他社の動き、市場ニーズなどが該当する

**機 会**　景気の上昇、業界が急成長、革新的な新技術が登場、競合他社が撤退など

**脅 威**　円高（円安）が進展、材料費の高騰、競合他社が躍進、法規制の強化など

**注意点**　外部環境は変化が激しいため、情報入手を怠ると、機会だと思っていたものが脅威に転じることがある。また、立場によって受け止め方が異なるので、判断基準を明確にしておく必要がある

TIPS

スキルアップのコツ

# クロスSWOT分析で戦略を立案

内部環境、外部環境を整理するだけでも、今後取り組むべき4つの方向を整理することができる。しかし、実際には、「強みを生かして機会を捉える」ほうがより高い成果を期待できるし、「弱みと脅威が重なったら撤退を検討する」という判断基準を設定しないと、リスク対応ができなくなってしまう。

SWOT分析の本当のメリットは、4つの要素を単独で活用するのではなく、4要素をクロスさせ、方向性を明確にすることにある。いわゆるクロスSWOT分析を進めていくことが大切で、個々の業務課題における「積極策」「差別化策」「改善策」「防衛策・撤退策」を打ち出せることが最大のメリットだ。

▼クロスSWOT分析の例

| | | 外部環境 | |
| --- | --- | --- | --- |
| | | 機会 Opportunity | 脅威 Threat |
| 内部環境 | 強み Strength | 積極策 | 差別化策 |
| | 弱み Weakness | 改善策 | 防衛策・撤退策 |

# ⑦ 市場、競合、自社の視点で戦略を打ち出す

## 何をなすべきかを3つの視点で考える

自社の強みや弱みを分析し、取り巻く環境の機会と脅威を整理するSWOT分析は、目標達成の戦略を練る上で有効だ。しかし、何が強みで、何が弱みなのかが明確でない時、また、機会と脅威の峻別がつきにくい時は、別の基準で具体策を講じていく必要がある。

「3C分析」とは、経営環境、事業環境を構成する主な要素である、顧客、競合、自社の3つの視点から成功要因を導き出し、自社の戦略に生かすためのフレームワーク。3CのCは、「顧客・市場（Customer）」「競合（Competitor）」「自社（Company）」の頭文字からとっている。

●3C分析

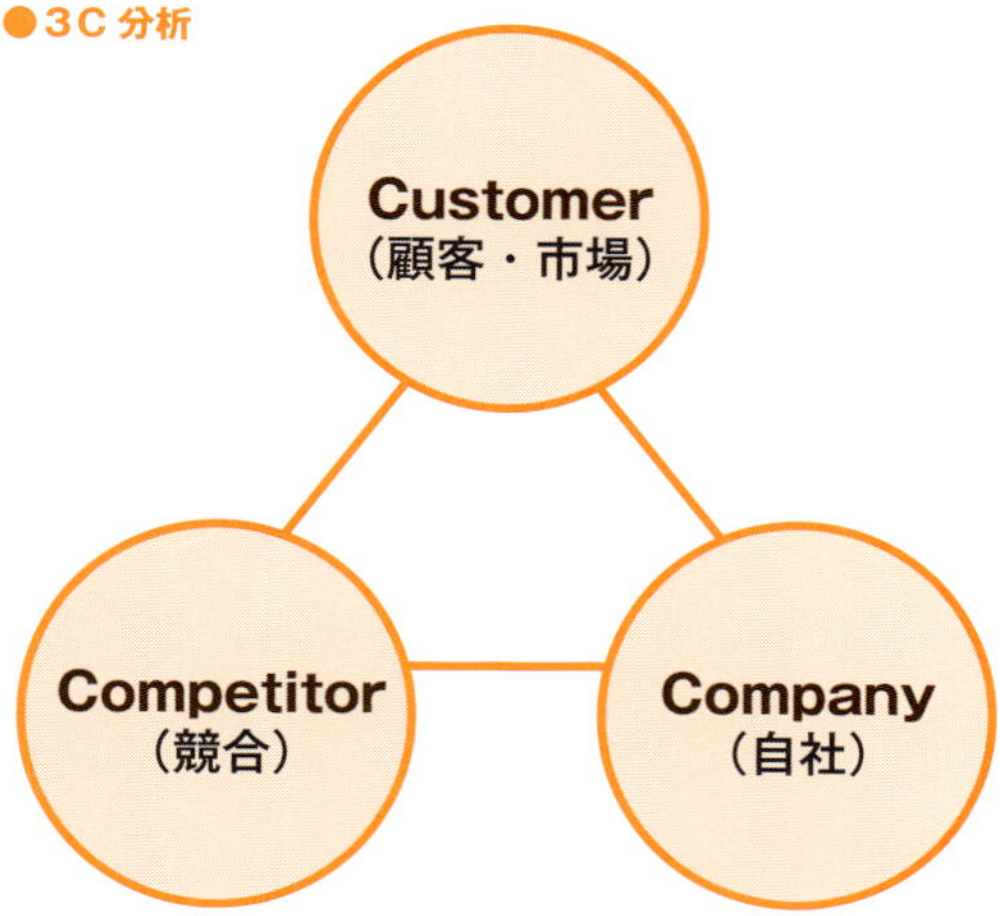

**注意点** ３Ｃ分析を活用するためには、それぞれのＣの分析対象を明確にする必要がある。具体的には、下記の点に注意して３Ｃを分析しよう

## ① 顧客（市場）分析

（1）市場規模（潜在顧客の数、地域、業界の構造など）
（2）市場の成長性、製品ライフサイクル
（3）購買決定プロセス、リードタイム
（4）購買決定者（購入する本人？　他の人？）
（5）購買に影響を及ぼす要因（価格、品質など）

## ② 競合分析

（1）競合他社の数、寡占度
（シェア上位企業がどの程度独占している？）
（2）後発の参入障壁の高さ、失敗した場合の撤退障壁
（3）競合各社の戦略
（4）経営資源、構造上の強みと弱み（営業人員、生産能力など）
（5）競合各社の実績（売上高、市場シェア、利益、顧客数など）

## ③ 自社分析

（1）自社の経営資源（人、物、金、情報）と強み（技術力、営業力など）
（2）自社の売上高、市場シェア、利益
（3）自社の戦略（集中戦略、差別化戦略など）
（4）自社のブランド力
（5）自社の付加価値

## KSFを抽出し、自社の強みにする

3C分析をすることで、業界内で成功するカギ（KSF：Key Success Factors）が見えてくる。例えば、「新製品を開発するスピード」が成功するカギを握っていることもあるし、「社員一人ひとりの人間性」が優れていることが顧客との信頼関係を構築しているケースもある。また、KSFは、1つの場合もあれば複数存在することもある。集めた情報を多角的に分析し、重なり合っている要素を丁寧に探し出すことが大切だ。

3C分析によって、KSFが抽出されたら、次のアクションは、KSFが自社にあるか否かを判断すること。自社の分析結果とKSFを突き合わせながら、自社の強みや弱みを整理してみよう。そして、KSFを既に有している場合は、どうすればその成功要因を強化できるかを考える。自社内に存在しない場合は、どうしたらKSFを獲得できるかを検討することが重要だ。

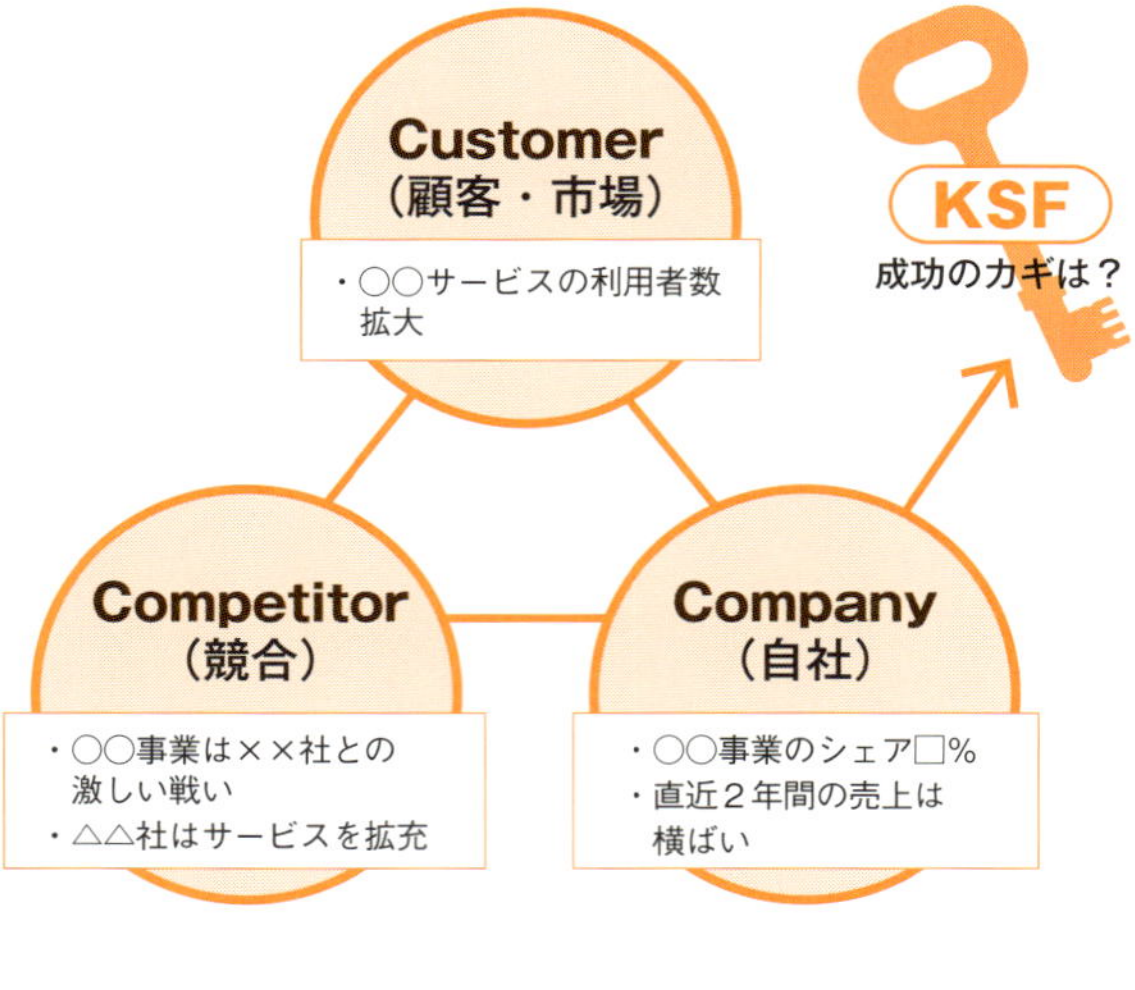

TIPS

スキルアップのコツ

# ＡＢＣ分析で「強み」に集中する方法

3Ｃ分析は、自社の状況だけでなく、顧客の状況や競合各社の状況を把握することで競争戦略を打ち出すフレームワークだ。これに対して、自社の収益構造を集中して分析し、競争戦略を立案する手法もある。いわゆるＡＢＣ分析と呼ばれているもので、収益の上位80％を占めるものに特化した営業戦略を構築して、効率的な営業活動を推進する。実際、全体の品目の中では20％程度の商品（群）が、全体の利益の80％程度を稼いでいるケースが少なくない。逆に、商品のアイテムが多く、管理も大変なのに利益貢献度が低い商品（群）もある。ＡＢＣ分析は、そうした企業が陥りがちな無駄を排し、効率よく営業活動を進めるための手法で、営業戦略以外にも品質管理や業務管理など、幅広い分野で活用することができる。

▼ABC 分析の例

| 商品 | 販売数 | 構成比 | 累計 | |
|---|---|---|---|---|
| 1 | 886 | 44.3% | 44.3% | A |
| 2 | 674 | 33.7% | 78.0% | A |
| 3 | 164 | 8.2% | 86.2% | B |
| 4 | 70 | 3.5% | 89.7% | B |
| 5 | 64 | 3.2% | 92.9% | B |
| 6 | 52 | 2.6% | 95.5% | C |
| 7 | 34 | 1.7% | 97.2% | C |
| 8 | 26 | 1.3% | 98.5% | C |
| 9 | 20 | 1.0% | 99.5% | C |
| 10 | 10 | 0.5% | 100.0% | C |
| 総数 | 2000 | — | — | |

# ⑧ オズボーンのチェックリストで発想を転換する

## ☑ 突き詰めるだけでなく発想を転換しよう

ロジックツリーもＳＷＯＴ分析、３Ｃ分析も、論理を突き詰めていく型のフレームワークで、目の前にある問題や課題に対して、論理的に分析を重ね、回答を導いていく。それは、まさにビジネス思考の王道だ。しかし、突き詰め型の思考技術だけでは新しい発想は生まれにくい。時には、発想を転換しながら考えていくことが重要で、「オズボーンのチェックリスト」を活用することで、柔軟な思考技術を身につけたい。

オズボーンのチェックリストは、その名の通り、ブレーンストーミングの生みの親であるアレックス・Ｆ・オズボーンが考案した発想法。あらかじめ用意したチェックリストに答える形で発想を広げていけばいい。チェックリストに挙げられている項目は、当たり前の内容ばかりだが、意識的に活用しないと、見落としがちな事柄でもある。問題解決のための施策の策定に行き詰まったり、新しい提案を求められたりした時には、オズボーンのチェックリストを活用し、９つの視点で新たな発想を生み出そう。

ただし、チェックリストを活用する時は、常識や先入観から解放されること。９つのリストに沿って考える際に、常識や先入観が邪魔をして考えが広がっていかない人が少なくない。自由な発想を重視したい。

## 〈９つのチェックリスト〉

| | |
|---|---|
| ❶ 転用（Other uses） | □ 他分野での使い道はないか？<br>□ 他の仕事で利用できないか？<br>□ 今の分野で新しい使い道はないか？ |
| ❷ 応用（Adapt） | □ 他に似たものはないか？<br>□ 過去に同じようなことをしなかったか？<br>□ 他からアイデアを持ってこられないか？ |
| ❸ 変更（Modify） | □ 仕様（色・形・音・匂い・型など）を変更できないか？<br>□ 機能を変更できないか？ |
| ❹ 拡大（Magnify） | □ より大きくできないか？<br>□ より強くできないか？<br>□ より長くできないか？<br>□ より高くできないか？ |
| ❺ 縮小（Minify） | □ より小さくできないか？<br>□ より弱くできないか？<br>□ より短くできないか？<br>□ より低くできないか？ |
| ❻ 代用（Substitute） | □ 他のアプローチはできないか？<br>□ 他の物で対応できないか？<br>□ 別の人で対応できないか？<br>□ 違う要素で構成できないか？ |
| ❼ 置換（Rearrange） | □ 順序を変えられないか？<br>□ 他の機会に変えられないか？<br>□ 他の人に交代できないか？<br>□ 要素を取り変えられないか？ |
| ❽ 逆転（Reverse） | □ 役割を逆にできないか？<br>□ 順番を逆にできないか？<br>□ 上下左右を逆にできないか？ |
| ❾ 統合（Combine） | □ 目的を一緒にできないか？<br>□ アイデアを組み合わせられないか？<br>□ チームを一緒にできないか？<br>□ 作業を一緒にできないか？ |

ここがポイント!

# テーマの明確化と項目の重点化に注意

オズボーンのチェックリストは、リストに合わせて考えていけば発想が得られるため、使い勝手のいいフレームワークだ。しかし、やみくもにチェックリストにあてはめても思うような効果は得られない。次のことに注意して、チェックリストの有効活用を図ろう。

## 1 考えるテーマや対象を明確にする

オズボーンのチェックリストの適用範囲は広いが、あまりにも抽象的なテーマだと、発想が広がりすぎて収拾がつかなくなる。大切なのは、何について考えるのか、発想テーマや対象を具体的なものにすることが大切だ。同時に、柔軟に発想しようにも答えが限定されてしまうもの、二者択一で選ぶしかないようなテーマ・対象では意味がない。

## 2 チェック項目の重点化を図る

商品の用途を考える時には、「転用」や「応用」「代用」に、また、業務の改善案を提案する時には「縮小」「代用」「置換」といった項目にウエイトが割かれることが多い。オズボーンのチェックリストを効果的に活用しようと思うなら、9つのチェックリストを同等に扱うのではなく、考えるべきテーマ・対象にふさわしい項目を重点的に考えることが大切だ。

ただし、テーマ・対象とマッチしないと思っていた項目にチャレンジしたら、新しいアイデアが出てくることもあるので、チェック自体は9つの項目すべてにわたって行おう。

スキルアップのコツ

# ボブ・イバールの7つの質問

教育管理者で作家のボブ・イバールは、9項目にわたるオズボーンのチェックリストを、7つの項目にまとめ、「SCAMPER」という質問リストを作成した。SCAMPERは、「Substitute」「Combine」「Adapt」「Modify」「Put to other uses」「Eliminate」「Rearrange/Reverse」の7つの質問の頭文字をとったものだが、そのまま訳せば、「いたずら小僧」という意味になる。既存のものに捉われず、発想の転換で考えるフレームワークの本質をうまく表しているといえる。

基本的な考え方は、オズボーンのチェックリストと同様だが、項目が7つに絞られて（結合されて）いるため、より効率的なリストだといえる。

- S ➡ Substitute ：代用する
- C ➡ Combine ：結びつける
- A ➡ Adapt ：適応させる
- M ➡ Modify ：修正する
- P ➡ Put to other uses ：他の目的に使用する
- E ➡ Eliminate ：取り除く
- R ➡ Rearrange/Reverse ：並べ換える

# 9 「仮説」を立てることで問題解決のスピードを上げる

## 「仮説」を立てる能力が仕事の質を決める

ロジックツリーに代表される思考技術は、MECEでモレとダブリをなくしながら、物事を網羅的に整理していくことが特徴だ。これに対して「仮説思考」は、全体像を整理するよりも、その時点で考えられる有力な仮説をとりあえず設定して物事を考える。当たり外れもあるが、優れた仮説を立てることができれば、すぐにも問題解決につなげられ、非常に効率のよい思考技術だといえる。実際、業務を効率よく進めている人、また問題解決の糸口を容易に発見できる人の多くは、知らず知らずのうちに仮説思考で物事を考えているケースが多い。

## 仮説思考のプロセスはシンプル

仮説思考のプロセスはシンプルだ。まず、これまでの知識や経験を動員して、最も〝正解〟に近いと思われる仮説を設定する。そして、仮説を立証するために必要な要素を抽出し、立証のために必要な情報を収集。その後、情報を分析して最初に立てた施策が妥当だと判断されれば、そのまま問題解決のための施策として採用し、立証できていない場合は、また別の仮説を立てていく。知識やキャリアが浅い場合、いきなり精度のよい仮説を立案するのは難しいが、何度かチャレンジすることで仮説思考の精度が上がっていくことを実感するはずだ。

## 目的を明確に意識することが重要

仮説思考は、ある目的を達成する、またはある問題を解決するために行うフレームワークだ。したがって、仮説思考の精度を上げるためには、目的意識を明確にすることが前提条件になる。また、当たり前すぎる仮説をいくら立てても意味がない。的を射た施策であると同時に、オリジナリティのある仮説を立てる必要がある。しかし、斬新なアイデアだからといって、ネットなどで発信されている情報やデータに飛びつくのはリスクが大きい。仮説思考は、それを証明するために論理を展開していく思考法だが、目の前の情報やデータにこだわりすぎると、その情報の有用性を証明するための思考になってしまい、証明のプロセスが甘くなってしまうことがある。また、実行可能な仮説であることも重要だ。いくら斬新なアイデアであっても活用できなければ意味がない。

### ●仮説思考のフロー

1. 仮説を立てる
2. 仮説を立証するための要素を列挙する
3. ❷で抽出した要素に関連した情報を収集する
4. 収集した情報で仮説を立証できるかを検証する
5. 検証できたら仮説を採用し、できなかったらまた別の仮説を選ぶ

注意！

**仮説設定の注意点**

(1) 目的を常に念頭に置く
(2) 新しいオリジナリティのある仮説を立てる
(3) ネットなどで流布されている情報に安易にとびつかない
(4) 実行可能な施策があること

ここが
ポイント!

## 仮説を証明するための要素を探し出す法

仮説思考のポイントは、立案した施策が妥当なものであることと、仮説を立証するための要素を探し出すことの２点にある。とくに、仮説を立証するための要素を抽出する作業は、知識や経験が浅い人にとってはハードルが高い。そんなときは、前項までに学んだ他のフレームワークを併用するとよい。

併用するフレームワークとして使い勝手がよいのは、「３Ｃ」。例えば、「売上前年比 120% を達成する」という仮説を立てたら、「顧客・市場」「競合」「自社」の３つの視点から立証すべき項目をピックアップすればよい

目的
売上前年比 120%を達成する
仮説
自社ＨＰに顧客を誘導する
コンテンツを搭載すべきだ
立証すべき
３つの要素
Customer
（顧客・市場）
1
業界に関する
新たな情報ニーズが高い
Competitor
（競合）
2
訪問営業をはじめとした
プッシュ型の営業が主流
Company
（自社）
3
ＨＰに関するノウハウを
蓄積しているのが強み

スキルアップのコツ

# 論点を明確にする力を育もう

仮説思考は、仮説を立てることが出発点になる。仮説の立て方は、165ページで述べた4点に注意することが大事だが、時には、この4つを満たしているものの、必ずしも優先的に取り組む必要がない課題が仮説として設定されてしまうことがある。

マネジメント界の第一人者であったピーター・ドラッカーは、「経営における最も重大な過ちは、間違った答えを出すことではなく、間違った問いに答えることだ」と言っているが、仮説が正しくないと、仮説思考を進めること自体が無駄になる。

仕事を効率よく進めていくためには、最も成果があがる施策を打ち出し、速やかに問題の解決を図っていくことが重要だ。そのためには、論点を明確にして、課題として選択できる力が必要であり、次のようなアプローチを心掛けたい。

▼論点を明確にするためのポイント

- ポイント1　MUST目標(実行が不可欠な目標)とWANT目標(やったほうがいい目標)かを判断する
- ポイント2　実際に実行が可能な仮説か、不可能な仮説かを判断する
- ポイント3　実行が容易にできるか、実行することが困難かを判断する
- ポイント4　数値化できる仮説か、抽象的な仮説のままかを判断する
- ポイント5　実際に仮説を実行したときの成果・効果を判断する

# ⑩「ゼロベース」で考えることも大事

## 過去の知識・経験にとらわれ過ぎると失敗する

フレームワークの多くは、過去に蓄積してきた知識や経験を前提に論理を進めていく。前項で紹介した仮説思考も、仮説を立てるためには一定の知識や経験が必要になる。これは、通常の業務で発生する問題は、あらかじめ問題を構成する枠組みが決まっており、多くのフレームワークは、その着眼点や論理の展開方法を教えるものとして存在しているからだ。しかし、過去の知識や経験にとらわれすぎると、かえって失敗することもあるし、十分な成果を得られないこともある。

「ゼロベース思考」は、そうした従来の枠組みでは解決できないような問題に直面したときに活用されるもので、これまでの発想では「無理だ」「できない」と諦めていた事柄を含めて、まさしくゼロベースで思考を組み立てていくフレームワークである。

●こんな思考が解決の邪魔となる

部長が
そう言っているなら
間違いないだろう
今まで、
こうした方法で
やってきたから…
みんな、
そうしていますよ
そうすることが
業界の常識だと
思います
そんな方法は
無理。
考えられません

## 過去の自分を否定することから始めよう

ゼロベース思考は、環境の変化や未知の状況に直面した時に、有効なフレームワークだが、実際に活用されるケースは多くない。なぜならば、白紙に戻して考えるということは、普段であれば最初から問題視しない事柄までも思考の対象になり、莫大な時間とエネルギーを要するからだ。また、過去の知識や経験を否定する作業でもあるため、特にこれまでの仕事の進め方に自信を持っている人、あるいは成功体験に支配されている人にとっては、そもそも白紙に戻そうという発想がない。しかし、通常の考え方では対応ができないからこそのゼロベース思考だ。従来の考え方、発想を捨てるだけでなく、自分の知識や経験、プライドまでもゼロベースに戻すことを考えよう。

●ゼロベース思考を阻害する要因と対策

### ❶ ゼロベース思考は時間とエネルギーを要する

| 要因 | | 対策 |
|---|---|---|
| 従来の考え方や発想では通用しない | → | 課題を正しく設定する技術を習得する |
| 従来の知識や経験が役に立たない | → | 新たな知識の習得や仮想体験が必要 |

### ❷ 過去の成功体験が邪魔をする

| 要因 | | 対策 |
|---|---|---|
| 成功体験の否定が自分の努力を否定する | → | 自分を成長させるチャンスと考える |
| 自分のプライドの否定につながる | → | 挑戦する自分にこそプライドを持つ |

ここがポイント!

# ゼロベース思考の3つのポイント

ゼロベース思考で物事を考えていく基本は、発想を逆転することだ。1つは、相手の視点、別な存在に置き換えて考えてみること。2つめは、物の動き方を反転させて考えること。3つめは、思考とともに動く感情のベクトルを逆転させることだ。以下、そのポイントを整理してみたい。

1

## 相手の視点で考える、別の存在に置き換えて見る

人間は、基本的に自分の視点、価値観で物事を見て、考える。しかし、世の中は自分一人で成り立っているわけではない。また、物事の見方が一様であるわけでもない。

自分本位の発想で行き詰まったら、相手の視点・立場から考えることが大切だ。そうすることで相手の発言や行動の裏を読みとれるようになる。その際、対象は人間だけでなく、他の生物や物体であってもいい。意外性のある視点が新たな発想につながるはずだ。

- □ **顧客の視点で考える**：顧客はどんなサービスを求めているのだろう？
- □ **上司の視点で考える**：上司は自分に何を期待して課題を提示したのだろう？
- □ **同僚の視点で考える**：同僚は自分にどのように接してほしいと考えているのだろう？
- □ **牛や馬の視点で考える**：牛や馬はどのように飼育されたら嬉しく感じるだろう？
- □ **地球環境の視点で考える**：どうすれば地球環境に優しくなれるのだろう？

2

## 物の動き方を反転させて考える

基本的に生き物は前に進む。しかし、後ろに進むこともできるし、

後ろに進んだら物の見方も変わってくる。また、慣行として行っている手順を全く逆の手順に変えて

みるなど、通常とは異なる動き方を想定して考えると、新たな発想、方法が具体化する。

〔例題〕
仕事が忙しいので、今、40分かかっている通勤時間を可能な限り短くしたい。どうすればいいか。

〔回答〕
この問題に対する回答は、次のようなものが考えられる。（1）～（5）は通常の考え方だが、（6）についてはゼロベースの考え方だ。

（1）近道を探す（所要時間35分。時間短縮5分）
（2）駅まで走る（所要時間30分。時間短縮10分）
（3）駅まで自転車を使う（所要時間25分。時間短縮15分）
（4）会社のそばに転居する（所要時間5分。時間短縮35分）
（5）会社に移転してもらう（所要時間5分。時間短縮35分）
（6）在宅勤務にしてもらう（所要時間0分。時間短縮40分）

### ここもポイント　マイナス思考をプラス思考へ

目の前の問題が深刻であればあるほど、気持ちもマイナス思考に傾きやすい。しかし、「できない」「無理」「難しい」と思った瞬間、思考はストップする。また、そんな言葉をぶつけられた人の気持ちもマイナス方面に傾いていく。ゼロベース思考で大切なのは、常にポジティブに考えること。「できない」ではなく「どうしたらできる」かを考える。徹底したプラス思考がゼロベース思考の大前提だ。

Column

発想を豊かにするために

# 「マンダラート」を活用する

アイデアは、自由に柔軟に出したいものだ。ところが、旧来の思考パターンに邪魔をされて、なかなか発想が広がらないことがある。そんな時に活用したいのが「マンダラート」。単純な図だが、四方八方に発想を広げていく際に便利な道具だ。

作り方はいたって簡単。真ん中に考えるべきテーマを記入し、その上で企画を考える際の切り口を８つ記入していくだけでいい。例えば、「HPのリニューアル企画」を考えるなら、マンダラートの中心に「新 HP は？」と書き、それを考える際の切り口を思いついたものからマス目に埋めていく。おそらく、３つや４つの切り口であれば、誰もが次々に出てくるが、５つ以上になると頭を悩ますはず。

その悩んで出てきた切り口が、これまでにない斬新なアイデアを生み出すもとになるはずだ。

| | | |
|---|---|---|
| 読みやすい | 情報が多い | 閲覧度アップ |
| 社員が登場 | 新 HP は？ | 社長の秘密 |
| お客様登場 | メディアとしても注目 | プレゼント付き |

# 第5章

# 「行動する力・協働する力」を鍛える

## ① 明確な目標設定と納得感が行動を促す

### 自らの課題を理解し、納得することが基本

行動力のある人とない人とでは、仕事のスピードや成果が大きく異なる。また、指示待ちで自分から動かない人よりも、自らが主体的に動いて仕事をする人のほうが、顧客や上司からの評価は高く、同僚たちとの人間関係も良好だ。できるビジネスパーソンになろうと思ったら、行動力を向上することを考えていかなければならない。

行動力をつけるためのポイントは、やるべき課題を理解し、なぜ、それを自分がやらなければならないのかを納得すること。よく、行動力は持って生まれて身についているもので、開発するのは難しいと言う人がいるが、行動力があるといわれている人でも、何を、なぜやらなければならないのかを理解しなければ行動できない。行動力は、体を動かす能力ではなく、頭と心を動かす能力であることを認識しよう。

### 正しく行動するためのポイント

行動力は、あればいいというわけではない。軽率な行動は問題を大きくすることがあるし、行動した結果が悪いと挫折感が次の行動を妨げるようになる。行動するなら、正しく行動することが大切で、かつ結果が伴うことが必要だ。

正しく行動するためには、なぜ、その仕事

をするのか、という問いを可能な限り掘り下げることが大切だ。仕事に没頭すればするほど、細部が気になり始め、目的と手段がごちゃごちゃしてしまうが、それは仕事をする目的・理由を深く理解していないから。本質を把握していれば、混乱しても原点に立ち戻ることができる。自分に与えられた課題は、なぜ、どのような経緯で発生したのか。課題が生まれた背景まで含め理解することが、正しい行動に導くポイントだ。

### ☑当事者になることを楽しむ姿勢が大事

人間は、好きなことには時間を忘れて集中して取り組む一方で、苦手意識を持っていたり、関心が薄いテーマになると、途端に気が向かなくなる。

行動力を身につけるためには、心のコントロールが必要になる。主役意識を持ち、当事者になることを楽しむ姿勢を確立することが大切だ。実際、傍観者として眺めているよりも、また、誰かに指示されて動くよりも、自分が中心になって率先して動いたほうが、喜びも満足度も大きい。そのことを知っている人は、行動することを躊躇しない。小さな成功体験を重ねて達成感を感じる機会を増やし、行動力を高めていこう。

●行動力を高めるためのポイント

1. やるべき課題を理解し、なぜ、やらなければならないのかを納得する
2. 課題の全体像、本質、背景にいたるまで深く理解する
3. 当事者になることを楽しむ、できることを増やす

## ここがポイント！ 目標は具体的な数字、行動に落とし込む

目標は明確なものでなければならない。具体的にどこまで達成すればいいかわかりづらい目標や、人によって解釈が異なる目標はチームに混乱を引き起こす。正しい目標を設定しようと思うなら、正しく目標を設定する力を身につける必要がある。具体的には、下記の能力を向上させよう。

### 1 現状を分析する力

目標を設定するためには、今、目の前にある問題点に気づき、何が問題の原因になっているかを見抜く力が必要となる。

- □会社全体の理念や方針を常に意識する
- □部署・チームに与えられた役割を意識する
- □状況の変化、数字の変化、人間の変化に注意する
- □人の話を聞く力、質問力、取材力を身につける
- □数多くの人と交流する、見方、考え方を豊かにする

### 2 優先順位をつけて設定する力

問題点に気づいても、それがそのまま目標になるわけではない。物事の解決には自ずと優先順位があり、何が重要なのかを見抜く力が求められる。

- □情報を収集・分析する力を身につける
- □市場、顧客、競合各社の動向を把握する力を身につける
- □自社の強み・弱みを分析する手法を身につける
- □なぜ、その目標を優先すべきかを論理的に語る訓練をする
- □説明力、文章で伝達する力を身につける

3

## 目標をやり抜く力

目標を設定しても、実際に行動に移行できなければ意味がない。目標設定力は、目標を達成しようという強い意欲と行動力が必要になる。

□自分の夢と会社・チームの接点を探る
□自分自身をコントロールするトレーニングを重ねる
□人間関係を円滑にするための方法を身につける
□プラス思考で物事を考える習慣をつける
□体力を蓄える。気持ちのメンタリティを強化する
□常に学ぼうとする意志を持つ（PDCA）

### ここもポイント！

当該業務の経験が浅く、知識やスキルも不足しているときは、チーム全員で目標設定にチャレンジしよう。前述したKJ法などを活用することで、目標の明確化とメンバー全員の認識の共有化が図れるだろう。

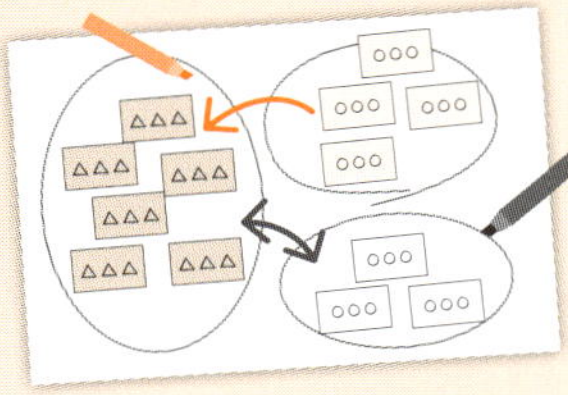

# ② 根性論では目標は達成できない。達成のためのステップを描こう

### 目標達成のためにはプロセスが大事

目標が設定されると、「やるしかない」といって走り出す人がいるが、むやみやたらに行動しても、正しい解にはたどり着けない。また、達成途上の苦しみを根性論だけで乗り越えられるほど仕事は甘くないのが現実だ。行動を具体的な成果につなげていくためには、目標達成までのプロセスを明確にする作業が不可欠である。

具体的には、前章で学んだ論理的思考なども併用しながら、達成までのステップを描くこと。個々のステップで取り組むべきことを明確にすることで、業務に遂行するメンバーの誰が、いつ、何を、どのように行えばいいかを把握できるようにしたい。

### 達成手順、達成方法、達成時期を具体化する

目標を達成するためには、目標達成までのプロセスを分け（5〜7段階程度）、各ステップで取り組む事柄を明確にした行動計画表を作成することが大切だ。また、各ステップで実施すべき項目をいつまでにクリアするのか、ステップごとのスケジュールを明確にすることも重要なポイントになる。その他、行動する際の留意点や、各ステップでアウトプットすべき事項（達成度を評価する基準、※ＫＰＩ）を決めておくなど、行動の全体像が見える計画表を作成しよう。

## 「行動計画表」を活用する

下記の表は、「ステップ表」と呼ばれる行動計画表の１つで、１枚の用紙に行動計画に関する項目が網羅されている。

具体的には、「目標」「達成手順」「達成方法」「達成時期」「アウトプット（ＫＰＩ※）」「留意点」を書き込む欄が設けられており、一目で全体像を把握できるため便利なツールだ。

なお、「目標」と「達成イメージ」と似たような項目が並んでいるが、「目標」＝課題であり、「達成イメージ」は、達成時に得ることのできる価値や感動を記入し（文字ではなく絵で表してもいい）、課題を達成するための本来の目的を書き込む欄になる。

※ Key Performance Indicator

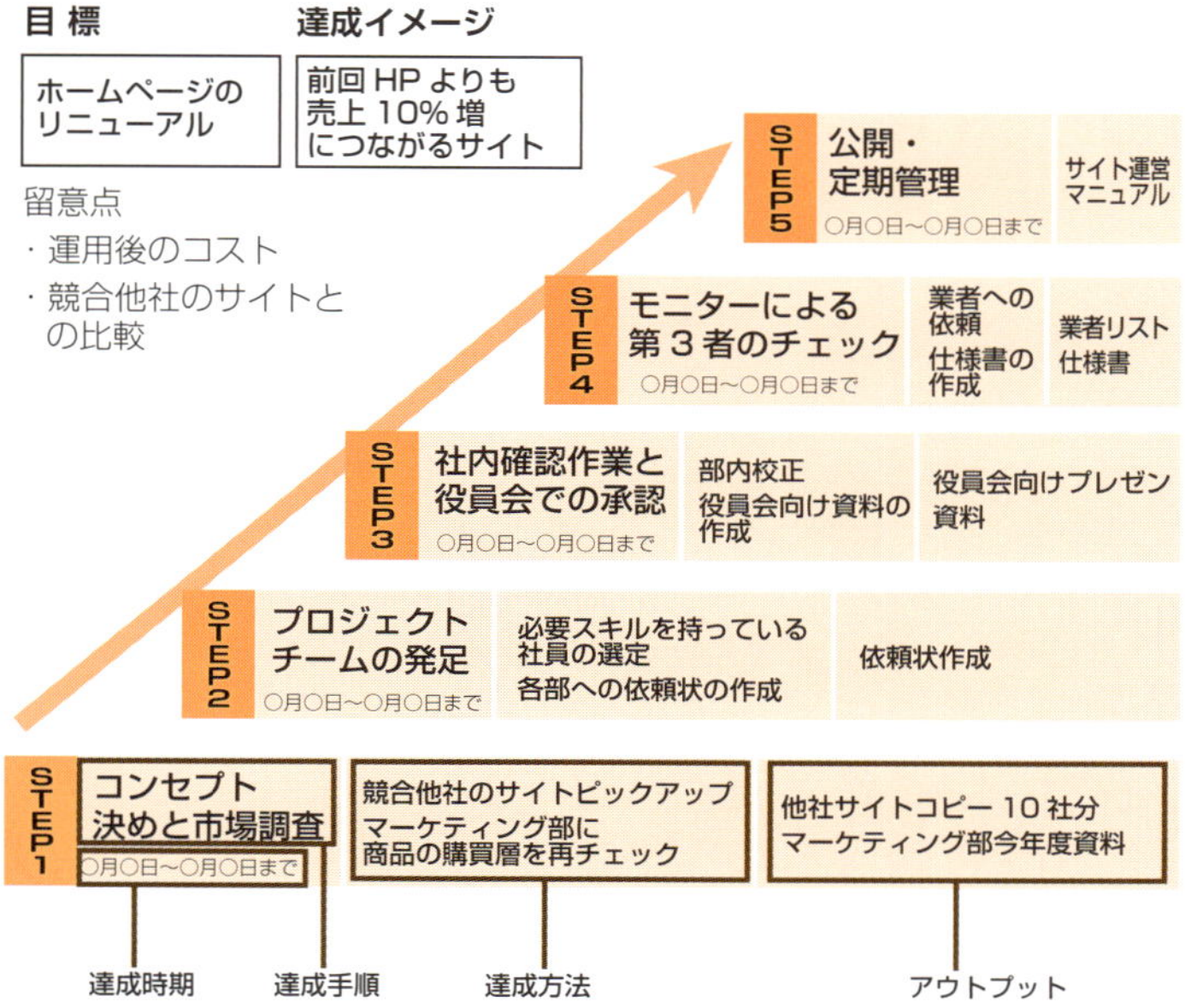

## ここがポイント！ チームの行動は役割を明確にする

ビジネスでは個人で仕事を遂行するよりも、チームで取り組むことのほうが多い。チームで行動計画を立てる場合も、「達成手順」「達成方法」「達成時期」を明らかにしていくが、ポイントはメンバーの役割を明確にすること。下記の点に注意しながら作業を割り振っていこう。

### ❶各自の担当領域と責任範囲を明確にする

目標を達成するために必要な課題を細分化する
→ メンバーの知識、スキル、経験、行動特性を整理する
→ 右の2つの項目を対応させて最適化を図る
→ 作業が隣接する部分を意識して、担当領域と責任範囲を明確にする

### ❷全体の指揮・命令・検討を明らかにする

- □課題ごとにリーダーを決める
- □判断していいこと、してはいけないことを決める
- □報告・連絡・相談のルールを決める
- □会議など調整、決定する仕組みを作る

### ❸情報の共有化、成果の共有化を図る

- □共通の目標、行動計画表を作成し、見える化する
- □進捗状況を全員が把握できるツールを作成する
- □成果を図る基準（ＫＰＩ）を設定する
- □成果を全体で確認し、できたこと、できなかったことを共有する

スキルアップのコツ

# ツールはルール。共通のツールを使おう

複数の人間が、共通の目的を持って作業をする場合、問題になるのが、業務の進め方や捉え方が異なること。打ち合わせなどで、共通の理解を得たと思ったのに、実行段階になると微妙に違いが出てきてしまい、時間の経過とともに、その差が大きくなってミスやトラブルを招くこともある。

チームで業務を遂行する場合は、使用するツール類を同じものに揃えることが有効だ。特に、計画表や報告書など、情報を共有するための書類については、共通のフォーマットで作成することを習慣にしよう。ツールを共通にすることで、共有されるべき情報にモレがなくなるし、業務を遂行する際のポイントを共有できる。ツールはルール。メンバーが情報、認識の共有化を図れるツールを作ることで、チーム力を強化するルールができあがる。

| 新商品マーケティング役割分担表 | |
| --- | --- |
| 氏名 | 業務分担 |
| 鈴木 | 顧客情報の収集、リスト化 |
| 佐藤 | 営業ツール作成、商品一覧作成 |
| 中村 | 市場動向、ターゲット情報収集 |
| 山本 | 広報（Web、広告類） |
| 高橋 | 営業 A,B,C 地区 |
| 斉藤 | 営業 D,E,F 地区 |
| 伊藤 | 経理、総務 |

▲業務分担と責任範囲も「役割分担表」で整理しておく

# 3 PDCAサイクルを徹底すれば結果はついてくる

**永続的にPDCAを回すことで改善を図る**

ＰＤＣＡサイクルは、継続的に改善を図るための管理手法で、品質管理や生産管理の現場では日常的に使われてきた。目標（問題）を達成（解決）するためには、まず何に取り組むのかを決定し（Plan）、計画に基づいて実行する（Do）ことが基本になる。そして、実行した結果（途中経過を含む）を検証しながら（Check）、修正すべき点を適宜改善していく（Action）ことが、所期の目的を達成し、よりよい成果を得るための王道だ。

ＰＤＣＡサイクルのポイントは、やりっ放しにしないこと。一般に、計画を立て、実行するまでは多くの人がチャレンジするが、結果を検証し、改善していくところまでやり続けることは難しい。また、仮に改善までやり遂げたとしても、そこで終わりにしてしまう人が少なくない。ＰＤＣＡのより本質的な特徴は、Ａを次のＰＤＣＡにつなげていくこと。半永続的にサイクルを回し続けることで、高いレベルで成果を得ることができる。

## PDCAのウエイトを考える

ＰＤＣＡサイクルを回し、着実に成果につなげていくためには、ＰＤＣＡサイクルの４つのステップのウエイトに注意する必要がある。いずれかのステップに偏りすぎると、ＰＤＣＡサイクル本来の意味が薄れてしまう。各ステップの配分に考慮していこう。

### ① Ｐを偏重すると実行できなくなる

計画時にいたずらに時間をかける人がいる。何事にも慎重に慎重を重ねるタイプの人だが、計画に時間をかけすぎると、いざ実行しようとする時に、事態が複雑化し、再度計画を練り直さなければならなくなる。

### ② Ｄを偏重すると過ちに気がつかない

実践することは重要だが、決めたことはとにかくやり抜く、という思いが強すぎると、検証するタイミングを逸しやすい。結果、過ちを犯していても気づかないことがあり、検証しても手遅れになってしまうことがある。

### ③ Ｃを偏重すると改善の時期を失う

ＰＤＣＡサイクルの肝は検証にある。実行結果をきちんと分析することで初めて改善の道が開かれる。しかし、検証ばかりで改善に向けてスタートを切らなければ意味がない。検証して改善するための仮説が生まれたら、改善策を試行する姿勢が大切だ。

### ④ Ａを偏重すると改善活動がストップする

検証から生まれた改善策は、当初の計画よりも優れており、改善策を遂行していけば事態は改善する。しかし、欠点のない施策はない。改善策を実行しながらも、より改善するための施策を計画する準備を進めよう。

## ここがポイント! PDCAサイクルを定着する仕組みをつくる

ＰＤＣＡサイクルを回し続けることの重要性を認識していても、実際に回し続けるのは容易ではない。特に、個人でＰＤＣＡを回す場合、状況に流されてしまうことも多く、あらかじめＰＤＣＡサイクルを回す仕組みを意識的に作っていくことが大切だ。

### ❶外部からのチェックを受ける

□ＰＤＣＡすべてを自己管理で回していくことが難しいなら、チェックの部分を他者に委ねてみる。上司にチェックを受ける、また、チームで進捗状況を報告する場を設けるなど他者を介在させることで、ＰＤＣＡを回しやすい環境を作ろう。

### ❷チェック日を事前に確定させる

□期日が設定されないと日程管理がルーズになる人が多い。逆に、期日が決まると期日に向けて段取りを組むようになる。上司への報告日、チームでの報告会なども事前に期日を確定させておくと効果的だ。

### ❸達成度を測定する基準を明確にしておく

□達成度を図る基準がないと、期日までにどのレベルに達成すればいいかがわからず、ついつい忙しさにかまけて適当なレベルで間に合わせておこう、という気持ちになる。ＰＤＣＡを定着させ、効果を上げるためには、達成度を図る基準を数値化・具体化していくことが大切だ。

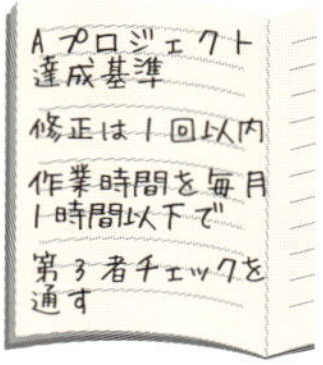

TIPS

スキルアップのコツ

# ＰＤＳＡサイクルで「学び」を共有する

品質管理の概念を構築し、ＰＤＣＡの提唱者であるエドワーズ・デミングは、晩年、ＰＤＣＡに代わってＰＤＳＡという言葉を使うようになった。この場合の「Ｓ」は、「Ｓｔｕｄｙ」を意味しており、高いレベルで品質管理を行うためには、単にチェックするだけでなく、検証した結果から学びとることがより重要だ。また個人が学ぶだけでなく、チーム全体として学びを共有することが大切で、組織的に学習する場を用意する必要がある。ちなみに、失敗学という学問も、ＰＤＳＡから派生したもの。失敗した事実を受け止め、反省するだけでなく、失敗から多くのことを学べることに着目した学問だ。また、成功したからといって何も問題が存在しないわけではない。成功からも学び続ける姿勢を保つためにも、ＰＤＳＡのサイクルを意識しよう。

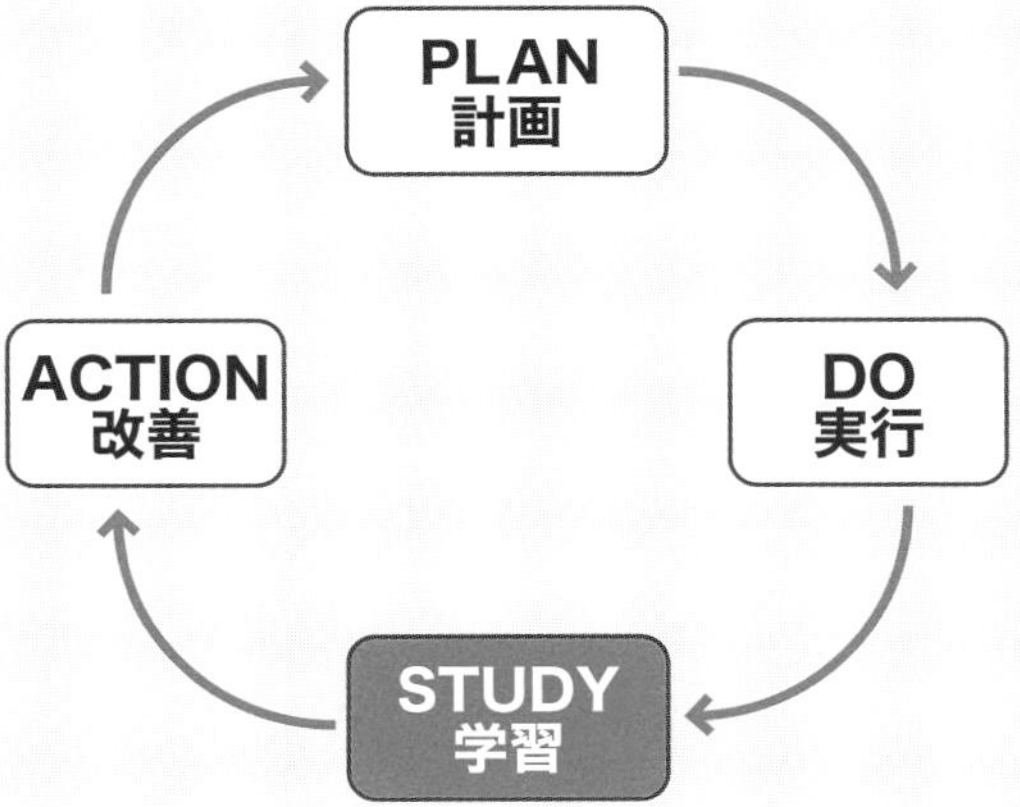

# ④ 一人で抱え込まず、仕事の任せ方を身につけよう

## 得意なことは得意な人がやるのが効率的

生真面目な人、また、責任感が強い人に限って、一人で仕事を抱え込もうとする。中には、他の人に頼むと説明するのが面倒だし、自分でやったほうが早い、といった理由で仕事を振らない人がいる。しかし、**ビジネスは他者と協働しながら進めるもの。仕事を分担することで、業務の効率化と質の向上に努めよう。**

人に任せる際の原則は、それぞれの得意な点を生かすこと。社内業務の改善を図るためのプロジェクトであれば、全体の計画を立案する人、計画したものをメンバーが共有しやすいように資料を作る人、各メンバーとコミュニケーションを積極的にとり、プロジェクトが円滑に進むように調整する人、といった具合に、プロジェクトを進める上で必要な業務ごとに、得意な人を当てはめる。得意なことを得意な人が担当し、高いモチベーションで仕事をすることが、最も効率的で生産性の上がる方法だ。

## 業務を細分化し自己分析を重ねる

業務を分担するポイントは何といっても、業務を構成する要素を区分けしていくことにある。

まず、個々の業務がどのような「作業」に分かれるかを整理し、その上で、作業の種類ごとにグルーピングしていく。もし、自社のHPを開設するチームが設計されたとしたら、メンバーと一緒に想定される作業を抽出。抽出された作業を、下記の図に示したような作業群に分類していくことが必要だ。

次に大切なことは、分類した作業群に、最も能力を発揮できるメンバーをあてはめていくこと。メンバー個々人について、「得意・不得意」「関心がある・なし」「適性（行動特性）のマッチング」などを分析し、分類した業務にあてはめていこう。

### ＨＰ開設の際の業務区分（例）

- □ＨＰのコンテンツ企画に関する作業群
- □システムを構築する作業群
- □コンテンツの中身（ソフト）を制作する作業群
- □業務の進行を管理する作業群
- □発注管理、予算管理に関する作業群

### 自己分析の判断基準

- □業務を遂行する能力（知識・スキル）
- □業務に対する志向度（関心度）
- □業務に求められる行動特性（能動性、企画力、事務対応力、協調性　など）

ここがポイント!

# 目標の共有と工程の見える化が重要

苦手なことを抱え込むよりも、得意な人に任せてしまったほうが業務は効率化する。しかし、任せることと任せっぱなしにすることは違う。他者に任せた業務も、最終的には自分が責任を持って対応するのが仕事である。他者に任せつつ、自分の責任を放棄しないで業務を遂行する仕組みを作ろう。

## 1 目標の共有と納得度の向上を図る

行動するためには、明確な目標設定と納得度が重要だ。特に他者に仕事を依頼する場合は、目標に対する根本的な理解と、納得度が高くないとスムーズな業務遂行は期待できない。というのは、頼まれ仕事は、どうしてもやっつけ仕事になりがちだからだ。

５Ｗ１ＨのＷｈａｔ／Ｗｈｙ／Ｈｏｗを明確に、相手の理解しやすい言葉で説明すること。それも依頼する相手の仕事との関連性を絡めて説明すると、納得度は高まる。

## 2 進捗状況のチェックを欠かさない

他者に任せた作業でも、その進捗状況を把握し、支障があれば問題解決にあたるのは任せた側の責任。定期的にミーティングを開催して進捗状況を確認したり、所定の報告用紙に進捗状況や問題点を記載してもらうようにしよう。

TIPS

## スキルアップのコツ

# インタビューゲームで本当の適正を把握する

得意なことを得意な人に任せることは、業務効率を上げ、生産性を高めるためのポイントだ。しかし、自分が得意だと思っていることが、実はそれほどのレベルではなく、他の人が担当した方が効率的な時もある。一方、自分では気づかなかった能力が存在し、他者から見ればまさに適材適所と考えられることもある。自分のことは、自己評価だけでは客観的に把握できないものなのだ。

　インタビューゲームは、その名のとおり、相手にインタビューをしながら人となりを把握するためのゲーム。チームを構成するメンバー間で、インタビューゲームを実施し、互いのスキルや行動特性を客観的に抽出するステップを取り入れよう。

### インタビューゲームの方法

❶ 2人1組になって下記の項目について相互に取材する

□相手のキャリアと実績　□得意なこと、関心があること

□自分の長所・短所　□行動特性について

※それぞれ、根拠（Why）と事例（How）を聞き出すことに注力する

❷ 取材した内容と感想を伝える

❸ ❷で示した事柄について相手がどう思ったかを確認する

❹ それぞれが気づかなかった互いの「強み・得意」を生かす業務を検討する

# 5 失敗を恐れない。クレームは成長のためのチャンス

## 小さな失敗をたくさんしよう

失敗は、避けられるなら避けて通りたい。また、失敗したことで自信をなくしてしまうこともあり、厄介な存在だ。

しかし、失敗には、「失敗から学ぶ」というメリットも存在する。失敗した自分が恥ずかしく、情けないと思えば、なぜ失敗したのかを真摯に考える。そして、二度と失敗しないための対策をとり、ビジネスパーソンとして一回りも二回りも成長していくことになる。行動力を身につけようと思ったら、失敗を前向きに捉えること。致命的な失敗は避けなければならないが、失敗を恐れず、新しいことにチャレンジする姿勢が大切だ。

## 叱られることで成長することもある

失敗と同様、できたら避けたいものに上司からの叱責がある。しかし、叱責もまた成長のチャンスであり、上司との対応を煙たがらず、むしろ、自分の成長の糧にしていく姿勢を持つべきだ。というのは、上司の指摘によって自分が至らない点が浮き彫りになり、かつ、本来、何をしなければならなかったのか、何をしてはいけなかったかが明らかになるからだ。感情をぶつけるだけの上司や、地位を悪用したパワハラには毅然とした態度で臨むべきだが、部下を思って叱責する上司に対しては率直に向き合い、叱責から学び取る道を選択しよう。

## 叱られ上手、謝り上手になる

失敗や叱責は自分を成長をさせるチャンスだといっても、相手にとってはいい迷惑である。当然、相手に対してきちんと謝罪することが大切だ。しかし、謝罪がきちんとできないために、怒りを増長させてしまうことがある。次の点に注意して謝罪し、失敗や叱責を自分の成長につなげていこう。

### ① 事態が発覚したらすぐに謝る

問題が発生したらすぐに報告し、自分に非がある場合は謝罪することが大切。また、自分に原因があるか定かでない場合でも、事態の当事者として迷惑をかけていることは事実であり、問題を起こしていることをまずは謝罪する。その上で原因を究明して報告し、理解と納得を得ることが大切だ。

### ② 言い訳をしないで率直に謝罪する

叱られ下手な人は、謝罪よりも言い訳から入る。もちろん、失敗には理由があるし、ときには上司が勘違いしているだけで自分には非がないケースもある。

しかし、言い訳は自分の責任を棚上げする行為。問題が発生している以上、当事者にも責任があることを認識し、謝罪することを優先しよう。また、どうしても叱責に納得がいかない場合は謝罪をし、原因をきちんと究明した上で、改善策を提案する形で自分の姿勢をアピールする。問題解決に向けた真摯な姿勢が評価されるに違いない。

## クレーム対応の基本を知ろう

失敗を恐れずに積極的に行動するのはいいが、顧客からのクレームには慎重に対応する必要がある。また、クレームには、実際に苦情が寄せられる「ダイレクトクレーム」と、表立って苦情を言わないまでも、顧客の気持ちの中に不平不満が渦巻いている「サイレントクレーム」の2種類がある。まずは、ダイレクトクレームに真摯に対応する中で、顧客がどういう場合に不平不満を感じるのかを理解し、言われなくてもサイレントクレームに気づける感性を養いたい。

**●クレーム対応の基本**

**クレームの発生をキャッチする**

- **ダイレクトクレーム**：顧客の不平不満を受け止める
- **サイレントクレーム**：顧客の表情や態度から不平不満を受け止める

▼

**不平不満を感じたことに対して謝罪する**

- 内容はともあれ、不愉快を感じさせたことに対しては率直にお詫びする

▼

**不平不満の内容を傾聴する**

- 顧客の思い込みによるクレームであっても、最後まで傾聴することが大事

▼

**クレームに対応する**

- **自分（自社）に原因がある場合**：あらためてお詫びするとともに、自分で対応できるクレームであれば定められた方法で対応。自分の責任を超えたクレームの場合は責任者を呼ぶ（自分の能力、責任を超えるクレーム対応はしない、あいまいな判断はしない）
- **原因が顧客にある場合（勘違いなど）**：事実関係を整理し、勘違いであることを理解してもらう。顧客に原因がある場合でも、そのことを非難しない。
- **原因が明確でない場合**：後日、事実を確認した上で、あらためて説明に上がる旨を伝える。
- クレームを言っていただいたことに感謝し、今後、より商品（サービス）の向上に努めることを伝える。

※故意にクレームを言ってくる人間（クレーマー）に対しては毅然とした態度をとる

## クレームをチャンスに転換するスキル

クレームは、発生した問題を改善するためのチャンスでもある。また、クレームが発生した原因をメンバー全員で共有することで、誰が対応してもミスやトラブルを防ぐことができる。具体的には、下記の点に注意しよう。

### クレームをチャンスに転換するポイント

- □クレーム対応した後、なるべく早く、今回の件で不快な思いをさせたことをあらためて謝罪し、勉強させていただいたことの感謝を伝える（手紙、メールなど） → 人間関係を強化
- □次回の来店時（訪問時）に、クレーム時以上の誠実な対応を心掛ける → 信頼感向上
- □クレーム対応に関する記録をまとめるとともに、全員でクレーム防止のためのミーティングを開催する → 問題改善

●クレーム記録表

| 発生店舗 | 発生日時 | 内容 | 対応 | 対応時刻 | お客様情報 | 上長確認欄 |
|---|---|---|---|---|---|---|
| A店舗 | 3月4日 12時50分 | 料理の提供が遅い | 提供時間の改善を約束 | 3月4日 13時10分 | 30代男性 | 山田 |
| | | | | | | |
| | | | | | | |
| | | | | | | |
| | | | | | | |

# ⑥ リスクに備えよ。リスク対策にも行動力が問われる

## リスク対応は迅速な行動力が大切

失敗やクレームは、起こそうと思って起きるものではない。ビジネスの世界では常に環境が変化しており〝絶対〟というものは存在しない。また、天変地異のように、何もしていなくてもリスクのほうから飛び込んでくることもある。ビジネスパーソンとして生きていく以上、いたる所にリスクが存在することを認識し、対応していくことが大切だ。行動力は、そんなリスクを未然に防いだり、リスクが発生した際の対応に必要な基本スキル。リスクの発生を予防するための施策も、リスク発生時の被害を抑制する施策も、迅速な行動こそが効果を発揮する。

## まずはリスクが発生する場所を知ろう

リスク対応を迅速に行うためには、どんな場所でリスクが発生するかを把握しておくことが大切だ。具体的には、次の領域でリスクが発生することが多い。

**リスクが発生しやすい領域**

1. 新しい試み、実行する際に未知なる領域が存在するところ
2. 主要な業務だが、構造が複雑で随時調整が必要になるところ
3. 複数の部門や企業が関与するところ
4. 責任体制が明確でないところ
5. 時間的制約が厳しいところ（納期が厳しいところ）
6. 外部の環境変化の影響を受けやすいところ

## リスクを未然に防ぐために必要なこと

リスク対応は、リスクが発生する確率とその影響度に応じてウエイトが変わってくる。迅速な対応が必要なのは、リスクが発生する確率も高く、影響が大きいケースだ。このうち、影響については、自らの行動で縮小していくことが難しいため、リスクが発生する確率を下げていくことがリスク対応の基本になる。

**〔ケース〕**

顧客からの急なオーダーに対応するために、自社工場に協力を要請。しかし自社工場では対応できないため、工場長の知り合いの事業者に制作を依頼することになった。その事業者は他社での実績があり技術力にも定評があるが、今回が初の取引となる。かつ、顧客の担当者も他部署から異動してきたばかりで、管理能力が未知数だ。

**〔解説〕**

このケースにおけるリスクは、次の3点に集約できる。

**1．時間的制約が厳しい（納期が厳しい）**

**2．複数の部門や企業が関与する**

**3．取引業者も担当者も未知なる領域が存在する**

1～3のリスクのうち、1の納期は顧客との関係で変更が難しい。そのため、リスク対応としては、2と3にスポットをあてることになる。具体的には、次の方策を講じることで、リスクの発生確率を下げていくことが大切だ。

2.納期までの進行を管理するための共通のツールを用意。チェックの日時を決める。

3．取引業者の実績を調査。取引業者の担当者とのコミュニケーションをとる。担当者と面談する時間を設け、能力や行動特性を把握する。

## リスクが発生したときに必要なこと

どんなに予防措置を講じても、リスクを防げないことがある。大切なのは、万一発生したときに備え、あらかじめ被害や影響を抑制するための対策を講じていくことだ。また、対策をいつ講じるかを決めておくことも重要になる。なぜならば、対策を早く打ちすぎると得るべき利益が損なわれ、遅すぎると被害が拡大することがあるからだ。

### クレームをチャンスに転換するポイント

前ページのケースで想定される発生リスクを整理すると、次のようになる。

❶ トラブルが発生し顧客が担当者の変更を求める

❷ 制作ニーズがマッチせず再提出を要求される（コストがかさむ）

❸ 制作要件に満たない製品を納品し値引きを要求される

❹ クレームを言われた協力会社が取引を拒否する

❺ ❶～❹のリスクに伴い調整が間に合わず納期が遅れる

発生時の影響を抑制するためには、❶～❺の発生要因別に対応策を講じておく必要がある。たとえば、❶や❹の場合は、万一に備え、他のスタッフの補充を考えたり、継続して協力会社をあたっておくなどの対策が考えられる。また、❷、❸、❺の場合は、リスクが発生しそうな状況を常に顧客に伝えて発生確率を下げるとともに、どこまで要望に応えるかを事前に決めておくことが必要だ。

TIPS

スキルアップのコツ

# リスク対応は チャンスを作り出す行動

リスク対応は、問題が発生したときの行動を想定したものだが、チャンス（機会）を創出する際にも同様の行動が求められる。

例えば、リスクが発生しそうな領域を探す行動は、チャンスが生まれる可能性がある領域を探す行為に置き換えられる。また、各領域でどのようなリスクが想定されるのかを抽出し、それを未然に防ぐ対策を講じていくことは、各領域でチャンスとして見込まれることを抽出し、そのチャンスを膨らませていく施策を講じていくことと同じだと言ってもいいだろう。さらに、リスクが発生した時の被害や影響を抑制する施策は、チャンスが到来した時にチャンスを広げる施策として考えていけば十分に通用する。

失敗やクレームは成長するためのチャンスだ。また、あらゆるリスクにはチャンスの芽が隠されている。リスク対応をきちんと行うとともに、リスクをチャンスに転換するための発想を持って事に臨んでいくことが重要だ。

●リスク対応でチャンスを生み出す

## ⑦ 会議、ミーティングを有効に機能させる方法

### ☑ 会議の前に場づくりをしよう

メンバーが主役になれない会議は、失敗する。自分が何のために集められたのかわからない会議、また、上司からお説教ばかり聞かされる会議などはその典型で、メンバーは会議に意味を感じられないまま、時間が過ぎるのをじっと待つことになる。

会議を成功させようと思ったら、まず、メンバーの気持ちを前向きなものに変えていくことが大切だ。例えば会議の冒頭で、メンバーに「最近、うまくいっていることはありますか?」と尋ねてみよう。それも、ふせんなどを用意して、うまくいっていることを具体的に書き出してもらうとよい。もちろん、書き出すといってもダラダラ書く必要はなく、箇条書きで十分だ。内容も「通勤の時、座れることが多くなった」といった類のものでいい。ポイントは、メンバーの気持ちが前向きになる雰囲気を作ること。また、書くという作業を通して、会議では自分の意見を持ち、発言することが大事であることを認識してもらえればいい。会議というと、会議の目的や運営ばかりに関心が集まりやすいが、それ以前に、会議を始める雰囲気作りが大切だ。会議はいきなり始めても簡単には意見やアイデアは出ない。まずは、個々人の頭のウォーミングアップとチームビルディング(チームとしての一体感づくり)から始めよう。

## 会議の目的を能動的に設定する

会議は、何かを実行するために開催される。ところが、議題の設定自体が抽象的で、何について話し合っていけばいいのかわからないことがある。新商品の販促施策について話し合うのであれば、「新商品の販促施策」ではなく、「どうすれば、新商品を売ることができるのか」という能動的な議題を設定しよう。ちなみに、クレームの発生原因について話し合うときも、「なぜ、クレームが発生したのか」ではなく、「どうすればクレームを防止できるか」というプラス思考の表現に変えてみる。たったそれだけの工夫で、メンバーの気持ちは前向きになるはずだ。

## メンバーの参画意識を大切にする

メンバーが議題（会議目的）に深くコミットしない限り、会議は充実したものにならない。また、単に議題に対する意見やコメントをもらうだけでは、成果が出ない会議になってしまう。メンバーの主体的な参画を促すためにも、次のような流れで会議を進行しよう。

- メンバーに、この会議で達成したいことを書き出してもらう（目標へのコミット）
▼
- メンバーに、達成をする上での障害や懸念を書き出してもらう（障害物の抽出）
▼
- メンバーに、自分の中の問題点、障害物を書き出してもらう（問題をチャンスに転換）
▼
- メンバーに、どうすれば解決できるか提案してもらう（意見ではなく提案をもらう）
▼
- メンバー全員で、チームで達成すべき課題を明らかにする（チームでの認識共有）
▼
- メンバーに、目標達成のためになすべきことと、その影響度を述べてもらう（行動へのコミットメント）

ここがポイント!

## 全員参加とプラス思考が会議を活性化する

会議を活性化させるコツは、全員参加とプラス思考にある。全員参加とは、可能な限りメンバーを討議に参加させること。プラス思考とは、後ろ向きの会議（何もやらない、決めない会議）を前向きの会議（何かを実行する、決定する）に転換すること。この両方の要素を満たすことが大切だ。

### ❶全員参加の会議にするためのポイント

□会議の前に「考える時間」「検討する時間」を確保する（会議の場でいきなりテーマを開示しても意見や質問は出にくい）

□会議の冒頭に自分の意見をまとめる時間を確保する

□肩書のついた人、声の大きい人には、メンバーの意見収集を優先する旨を伝え、発言に留意してもらう

□発言がない人には、議長が発言するように促す（自分の意見がないときは、それまで出た意見についての考えを聞く。意志決定の際には、意見を出さなかった人にも意志を確認する）

### ❷プラス思考の会議にするためのポイント

□会議の冒頭に下記の注意事項を促す

・会議の目的を明示する

・相手が理解しやすいように話す（What ― Why ― How）

・相手の意見を頭ごなしに否定しない。否定したいときは対案を出す

・感情的な議論をしない。相手の話をきちんと傾聴する

□会議で決めたことを実行する、途中経過をフィードバックして納得してもらう

TIPS

スキルアップのコツ

# ホワイトボードとふせんを活用して意見を書き出す

会議を充実させるためには、意見やアイデアがどんどん出てくるような場を設定する必要がある。そのために有効なのが、カードに意見を書き出す方法だ。会議の冒頭に、自分の意見をカード（ふせん）に書き出す時間を確保し、最低でも一人が1つの意見やアイデアを出せるように工夫する。

また、意見を書いたカードをホワイトボードや模造紙に貼りつけて、同じような意見ごとにグルーピングしていくことも会議を活性化させる。自分の認識と異なるグループに分類された人は、自分の意見を補足するために新たな意見を述べようとし、さらに、グルーピングによって全体像が見えることで、新たな発想が浮かぶケースもある。

言葉という聴覚に訴える手段を、カードやホワイトボードという視覚に訴える手段に置き換える。それだけでも会議は活性化する。

# 8 アサーティブコミュニケーションで相手も自分も生かす

## コミュニケーションのタイプを知ろう

他者と協働するためには、仕事上の知識やスキルがあるだけでは十分ではない。協働するためには、きちんとした人間関係を構築することが大切で、相手を尊重しつつ自己表現も十分にできることが基本だ。

ところが実際には、下記の表に整理したようなスタイルでコミュニケーションを図ってしまい、相手も自分も傷つけてしまうケースが少なくない。他者と協働するスキルを向上するためにも、自分が他者との間で、どのようなコミュニケーションスタイルをとっているか、4つの分類にあてはめて把握してみよう。

### ① 攻撃型

自分本位で、他者の「個人の境界」を尊重せず入り込んでくるタイプ。他者に影響を与えたい意識が強く、相手を傷つけることも多い。

### ② 受動型

他者を優先して自分を後回しにしてしまうタイプ。自分の「個人の境界」を守らず、他者から傷つけられたり、不当な扱いをされても許してしまう。

### ③ 欺まん・作為型

人を操ることで自分の望む方向に持っていこうとするタイプ。本心を表に出さず、回りくどい言い方、トゲのある言い方で他者を責める。

### ④ アサーティブ型

自分のことも他者のことも尊重するタイプ。他者の「個人の境界」を尊重する一方、攻撃的な侵入に対しては自分を守ろうとする。自分の心の中を開示することを恐れないが、他者に影響を及ぼそうとはしない。

## 攻撃型からアサーティブ型への転換

アサーティブとは、相手を尊重した上で適切な自己主張をすることであり、他者と協働して仕事を進めていくためには、アサーティブなコミュニケーションを心掛けることが大切だ。しかし、何かを主張しようとする段になると、自分の意見を通すことばかりを考えてしまう人もいる。その結果、攻撃型のコミュニケーションに陥ってしまうのだが、それでは良好な人間関係は作れない。次の点に留意してアサーティブ型へ転換しよう。

### ① 相手に対する思いやりを持つこと

攻撃型の特徴は、自分の立場でしか物を考えないこと。相手を尊重し、相手に対して思いやりを持つことが基本になる。

### ② 主張は率直に、しかし、相手の主張もオープンに

自分の主張を述べること自体は悪いことではなく、攻撃型を改めるために受動型になる必要はない。自分が主張する代わりに、相手の主張に対してもオープンになればいい。

### ③ 固定観念、あるべき論から自由になる

攻撃型に陥りやすい人の特徴は、物事はこうあるべきだという固定観念や先入感にとらわれていること。コミュニケーションは、新しい考え方を発見する場として、発想を柔軟にすることが大切。発言する前にきちんと頭で考えて話すことも有効だ。

## 受動型からアサーティブ型への転換

日本人は、攻撃型より受動型の方が多いといわれる。実際、他者と話をしていても、なかなか自分の意見を言えない人、また、要求したいことがあるのに我慢してしまう人が少なくない。そんな人にお勧めなのが、適切に自分を表現できるスキル。下記を参考にしてほしい。

### ① 壊れたレコード

デジタル時代の今では、ピンとこない人がいるかもしれないが、レコードは傷がついたりすると、蓄音機の針が飛んでしまい、その部分に録音された音が何度も何度も繰り返される。

同様に、「壊れたレコード」という技法は、相手から不当な攻撃や抵抗にあっても、繰り返し自分の主張を述べる技法として浸透している。

ただし、相手の抵抗エネルギーが大きい場合、何度、主張を繰り返しても受け入れてもらえないこともある。その場合は、何らかの強制手段を講じることを考えるべきだ。

### ② のれんに腕押し

そば屋ののれんに腕を通すと、何の抵抗もなくすんなり通る。「のれんに腕押し」という技法は、相手が何を言っても、言うだけ無駄だと思わせる技法で、攻撃してきた相手の言葉の一部にのみ賛同し、その点については一切弁解しない。その代わりに、それ以外の部分は聞き流してしまうため、相手は言っても無駄だと感じ、攻撃を停止する。

## ③ 欠点についての同意・質問

相手から批判された時には、言い訳せずに、事実だけは認めてしまう（同意）。しかし、人格までも否定されたわけではないと卑下しないことが大切だ。また、批判を受け入れるだけでなく、他にどんなことが問題なのかを質問し、事実であれば、事実であることだけを認める。この手法は、事実だけは受け入れるが、相手からの要求は受諾しないという意志表示をするときに有効だ。

## ④「私」を主語にする

相手に対して意見を言ったり、批判することに抵抗感を持つ人でも、自分のことなら話すことができる。「私」を主語にするとは、他者の意見を評価したり、他者を責めることなく、自分の意見、感情だけを伝える技法。「私は、○○○だと思います」「私は、賛同できません」「私は、そういうことを言われて不愉快です」といった一人称で伝えることで、相手の感情を逆撫ですることなく、自己主張することができる。ただし、「私は、あなたが嫌いです」といった使い方は、一人称であっても相手の人格を評価する表現であり、相手を不快にさせるので注意しよう。

# 9 ファシリテーターになって自分も組織も成長させよう

## 業務を円滑に進める役割を果たす要件

ファシリテーターとは、会議やミーティング、あるいはシンポジウムやワークショップなどを行う際、中立的な立場を保ちながら議論をリードし、スムーズに結論を得る役割を担う人のことを指す。ただし最近では、プロジェクトなどの業務において、メンバーを牽引しながら物事を進めていくディレクターの役割を担う人を指す言葉として浸透している。つまり、協働作業を行う場合のまとめ役、節目の役割を担うのがファシリテーターであり、現在、そのポジションの重要性が高まりつつある。

というのは、ファシリテーターのさじ加減で、プロジェクトやチームの方向性が決まってくるからだ。また、ファシリテーターの対応姿勢が、メンバーのモチベーションにも影響することが多く、次のような要件を満たす人材が、ファシリテーターとして選抜されている。

**ファシリテーターの要件**

1. 業務の目的を理解し、ゴールをイメージできる人
2. 中立的な立場でメンバーをリードし、合意形成ができる人
3. 聴く力に優れると同時に、説明する力、まとめる力に優れた人
4. メンバーの意欲を喚起し、可能性を引き出す人
5. 問題が発生したときに、全体を調整しながら解決できる人

## 成果をあげられるチームづくりが基本

ファシリテーター＝メンバーの上に立つ人、と認識している人が少なくない。しかし、メンバーとは部下ではなく、コントロールの対象ではないことを認識しなければならない。個々人の能力やエネルギーを引き出して、より高い成果をあげるよう努めることが必要だ。

　同時に、ファシリテーターは常に、チーム単位で協働を推進していく人間であることを認識すべきだ。チームに課せられた課題を理解し、メンバーを適材適所に配置できるファシリテーターこそが求められている。

　例えば、商品開発のプロジェクトであれば、商品開発の目的や、工程、業務内容を誰よりもよく理解する。そして、あらかじめ把握したメンバーの特性（キャリアや能力、人柄など）とマッチングさせながら、一人ひとりの役割を決めていく。しかし、一方的に決定し、業務を与えるのではなく、目的や必要な業務を共に確認しながら、チームとしての合意形成とメンバーの納得度を向上させていくことが重要だろう。

### メンバーに能力・エネルギーを発揮してもらうポイント

- □自分（ファシリテーター）は、このチームで、何を得たいのかを伝える（目的の共有）
- □メンバー一人ひとりにどのようなことを期待しているのかを伝える（業務の共有）
- □なぜ、その役割を担ってもらおうと思ったのかを伝える（納得度の向上）
- □このメンバーなら、確実に成果があがると確信していることを伝える（動機づけ）
- □今後のステップや業務内容、スケジュールを一緒に整理し、確認する（合意形成）

## ここがポイント！ ファシリテーターの基本スキルを身につけよう

前述したように、ファシリテーターには、ファシリテーターとして求められる基本要件があり、一定の知識・スキルを身につけておくことが必要だ。実は、本書に記載したさまざまなスキルもあてはまるため、熟読してスキルの向上に努めてほしい。

### 1 業務の目的を理解し、ゴールをイメージするためのスキル

□顧客や会社、上司の話を的確に聞く力
□課題を設定する力
□問題の原因を探求できる力
□問題解決のストーリーを描く力
□事前にリスク対応ができる力

### 2 中立的な立場でメンバーをリードし、合意形成ができる力

□メンバーの意見やアイデアを抽出する力
□抽出された意見やアイデアを整理する力
□整理された意見やアイデアに優先順位をつけ、評価する力
□選択した意見、アイデアをメンバーに理解してもらう力

### 3 聞く力、説明する力、まとめる力

□メンバーの話を傾聴する力
□話を掘り下げるための質問をする力
□発言しない（少ない）メンバーの意見を吸い上げる力
□異なる意見を調整する力
□メンバーの視点を拡げる力、質問や発言の方法を転換する力

私は…
○○さんは
反対意見ですが
△△さんはそれを
どう思いますか？

□話を要約する力、メンバーに説明する力
□わかりやすく言い換える力

4

**メンバーの意欲を喚起し、可能性を引き出す力**

□メンバーを観察する力
□メンバーに熱意を伝える力
□メンバーをほめる力、上手に叱る力
□メンバーを動機づける力
□メンバーの能力、可能性を引き出す力（コーチング）

5

**問題が発生したときに、全体を調整しながら解決できる力**

□問題の原因を探求する力
□問題を解決する施策を立案する力
□PDCAを回し続ける力
□個人の都合ではなく、全体にとって最適な解を導き出す力

ファシリテーターとしてのスキルを高めるコツは、とにかく場数を踏むこと。メンバーには、いろいろなタイプの人がいるし、対応するポイントも変わってくる。本書の各章で学んだことを総動員するとともに対人関係の引き出しを数多く持つことを考えよう。

# 10 ほめる技術、叱る技術でモチベーションを高める

## メンバーへの動機づけが協働を推進する

前向きな気持ちのときには、仕事がどんどんはかどるが、気持ちが沈んでいるときは仕事の進捗も遅くなる。より効率的に仕事を進めようと思うなら、自分の気持ちをコントロールして、モチベーションを維持し続けることが重要だ。

もっとも、仕事は他者との協働で進めていくもの。自分なりに気持ちをコントロールしているつもりでも、他者からの何気ないひと言で、気持ちが高揚したり落ち込んだりすることがある。

また、自分が被害者になるだけでなく、配慮のない言葉で他者を傷つけたり、モチベーションに影響を与えることもあるので注意が必要だ。

「ほめる技術」「叱る技術」は、そうしたモチベーションの上げ下げに関連した技術。ほめることで、モチベーションは上がるし、下手な叱り方をすると、モチベーションを下げるだけでなく人間関係までも悪化させてしまう可能性がある。

また、ファシリテーター役を与えられた人にとっては、目標を達成しようというメンバーの意欲を喚起するための基本技術でもある。

目標を達成するためにも必須スキルとして習得に努めよう。

## 「ほめる技術」のポイント

人間はほめられたら嬉しいし、気持ちが前向きになる。しかし、ほめ方によっては、裏に何かがあるのではないかと勘繰ったり、ほめるポイントがずれていて、自分のことをわかっていないという不満につながることがある。ほめる場合は、下記の点に注意することが必要だ。

### ① ほめることを恥ずかしいと思わない

人をほめることを恥ずかしく感じる人がいる。しかし、ほめられて嬉しくない人はいない。まずは、相手の良い点をみつけ評価することを習慣にしよう。

### ② ほめる前に人間関係をつくる

初対面の相手にいきなりほめられても、何か裏があるのではと勘繰ってしまう。ほめる場合はまず、相手との人間関係をつくること。ほめ言葉が真実だと受け取られる土台を作ることがポイントだ。

### ③ 本気でほめる。一度ほめたら悪口を言わない

一度ほめた後で、別の人に「実は…」と陰口を言う人がいる。しかし、陰口、噂話は、必ず相手のもとにも届くもの。ほめるなら徹底してほめること。本気で素晴らしいと感じたことを言葉にしよう。

### ④ 第三者を通してほめると二度嬉しい

面と向かってはほめにくい人、あるいは、ほめても本気で受け取ってくれないような相手には、他の人を介してほめるとよい。なぜなら、第三者を介することで、ほめている事実が客観的に伝わるからだ。また、第三者にも評価が伝わり、その人からも評価されれば相手は二度喜べる。

## 「叱る技術」のポイント

叱るという行為は、メンバーのマイナス部分を指摘することであり、できたら避けたいと考える人も多い。しかし、叱ったことで相手が問題に気づき、成長のきっかけになれば、相手のためになる行動でもある。下記の点に注意して、叱るという行為をプラスの方向に転換しよう。

### ① 感情的な対応は「叱る」ではない

相手を叱りたくなるときは、怒りの感情に支配されていることがある。しかし、叱るという行為の本質は、相手の成長を促すことにある。感情に任せて自分の思いをぶつけることは自己本位の行動にすぎず、相手を傷つける行動であることを認識したい。

### ② 「人」ではなく「事」をしかる

叱る対象が発生した「事」ではなく、問題を起こした「人」そのものに向かうことがあるが、そうした拡大化傾向はNG。問題を起こしたことは、相手の非ではあるが、仕組みが複雑だったり、他のメンバーが関わっているケースもある。叱る場合は、その範囲を限定することが大切で、「人」ではなく「事」を叱るようにしよう。

### ③ 「私」言葉で「心配」を伝えるのがコツ

相手の人格を尊重し、相手の気持ちを傷つけないように叱るコツは、「一人称」かつ「心配している」ことを伝えること。「君の〇〇がだめだ」ではなく、「どうしたの。あなたが、〇〇なので心配です」といったほうが、相手を傷つけず、叱る効果も大きい。

TIPS

スキルアップのコツ

# 「成果」「経過」「存在」でほめる

メンバーが落ち込んでいるときには、どこか良い点をほめて励ましたいと思うが、どこもほめる所がないと悩む人がいる。しかし、人間には必ずほめる所があるはずだ。例えば、成果は出ていないものの、一生懸命に努力をしているメンバーがいたら、その努力をほめてあげればいい。また、いつも笑顔で、いるだけで周りを明るくしてくれる人や、嫌がらずに雑用をこなしてくれる人もいるに違いない。

一般に、成果をあげた人だけをほめる対象にしがちだが、ほめる対象は、下記の3つのパターンがある。そのことを認識し、ほめたい人、ほめたい所を増やしていくことが大切だ。また、ファシリテーターは、互いに互いがほめ合う風土を作り、メンバーが高いモチベーションで働ける環境を作っていくべきだ。

**① 成果をほめる：**

目標を達成するなど「成果」「結果」をほめる

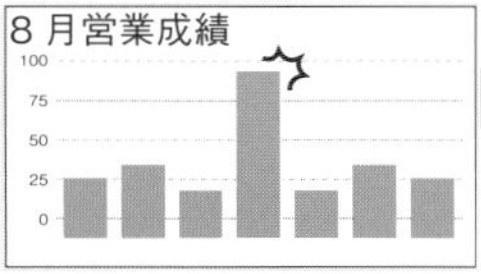


**② 経過をほめる：**

目標達成、問題解決に向かう努力をする「経緯」「姿勢」をほめる

**③ 存在をほめる：**

その人が「存在」するだけでプラスに作用していることをほめる

# 参考文献


『この一冊で「考える力」と
「話す力」が面白いほど身につく！』
（知的生活追跡班,青春出版社）

『この一冊で「読む力」と
「書く力」が面白いほど身につく！』
（知的生活追跡班,青春出版社）

『わかりやすく説明する力と問題解決力が、
１冊でビシッと身につく本』
（知的習慣探求舎,ＰＨＰ研究所）

『図解 どんな場面でも会話が楽になる
ビジネス・シチュエーション別
話し方の教科書』
（サンクチュアリ出版）

『「読む・書く・話す」を
一瞬でモノにする技術』
（齋藤孝,大和書房）

『10分間リーディング
速読しないで１冊読める！』
（鹿田尚樹,ダイヤモンド社）

『知的速読の技術』
（松田真澄,日本能率協会マネジメントセンター）

『世界一わかりやすい「速読」の教科書』
（斉藤英治,三笠書房）

『仕事の基本
正しいビジネスメールの書き方』
（西出ひろ子,日本能率協会マネジメントセンター）

『仕事の基本
正しい報告書・レポートの書き方』
（下條一郎,日本能率協会マネジメントセンター）

『「考える力」を強くするＥＭ法』
（日本能率協会マネジメントセンター）

『マネジメントの基本読本
セオリーとフレームワーク』
（鹿野和彦,日本能率協会マネジメントセンター）

『Ｑ＆Ａで習得！
活力ある人・職場づくり』
（鹿野和彦,日本能率協会マネジメントセンター）

『知的生産力が劇的に高まる
最強フレームワーク 100』
（永田豊志,ソフトバンク クリエイティブ）

『考具』
（加藤昌治,阪急コミュニケーションズ）

『図で考えるとすべてまとまる』
（村井瑞枝,クロスメディア・パブリッシング）

『ウォールストリート・ジャーナル式
図解表現のルール』
（ドナ・Ｍ・ウォン,かんき出版）

『「見える化」仕事術』
（石川和幸,ディスカヴァー・トゥエンティワン）

『「見える化」勉強法』
（遠藤功,日本能率協会マネジメントセンター）

『すごい会議』
（大橋禅太郎,大和書房）

『アイデア会議』
（加藤昌治,大和書房）

『日経ビジネス アソシエ 2012年6月号』
（日経ＢＰ社）

株式会社
**日本能率協会マネジメントセンター**（JMAM）

日本能率協会（JMA）グループの中核企業として、1991年に設立。通信教育・研修・アセスメント・e-ラーニングを柱とした人材育成支援事業、『能率手帳』を代表とするビジネスツール事業、ビジネス書籍を中心に手がける出版事業を通じて、企業の「人づくり」を支援している。
『能率手帳』は、1949年に日本で最初に時間目盛りを採用した手帳として誕生以来、60年以上の歴史を誇るベストセラーとなった。近年では、ビジネスだけでなく、人生を豊かにするためのツールとして、幅広い年代から支持されている。

〈編集協力〉株式会社アプレ コミュニケーションズ

仕事が早くなる!　読み書き&思考術

2013年3月30日　初版第1刷発行
2018年1月15日　　　　第2刷発行

編　者 ── 日本能率協会マネジメントセンター
©2013 JMA MANAGEMENT CENTER INC.
発行者 ── 長谷川 隆
発行所 ── 日本能率協会マネジメントセンター
〒103-6009　東京都中央区日本橋2-7-1　東京日本橋タワー
TEL 03(6362)4339(編集)／03(6362)4558(販売)
FAX 03(3272)8128(編集)／03(3272)8127(販売)
http://www.jmam.co.jp

装　丁 ── 萩原弦一郎(デジカル)
本文DTP ── 株式会社アプレ コミュニケーションズ
印刷所 ── シナノ書籍印刷株式会社
製本所 ── 星野製本株式会社

本書の内容の一部または全部を無断で複写複製(コピー)することは、法律で認められた場合を除き、著作者および出版者の権利の侵害となりますので、あらかじめ小社あて許諾を求めてください。

ISBN978-4-8207-1872-7 C2034
落丁・乱丁はおとりかえします。
PRINTED IN JAPAN

## JMAMの本

### 知的生産のための科学的仮説思考

竹内 薫　著

仮説検証の方法論から軌道修正法、仮説発想の次元やスピードの向上法など、科学トピックを例に「仕事で使える仮説の作り方」を解説。

四六判　216 頁

ロジカル・ラテラル・クリティカルの基本がしっかり身につく

### ビジネス思考法使いこなしブック

吉澤 準特　著

問題解決のために使われる３つの思考法①ロジカルシンキング、②ラテラルシンキング、③クリティカルシンキングの使い方が楽しい事例でわかる。

Ａ５判　256 頁

手描きで考え、伝える

### 図解表現使いこなしブック

原田 泰　著

手描きにこだわって、表現力を磨くために様々なノウハウを紹介。図解力を身につけると、思考力、説明力などビジネスの基本スキルがアップ！

Ａ５判　200 頁

問題発見力・分析力・解決力がしっかり身につく

### フレームワーク使いこなしブック

吉澤 準特　著

コンサルタントが使うフレームワークを、実際にはどのように活用するのかがストーリー形式でわかる本。あなたのビジネス課題を解くヒントが満載！

Ａ５判　248 頁